花街

遊興空間の近代

加藤政洋

講談社学術文庫

滋賀県大津市の滋賀県立図書館に、『全国花街連盟名簿』（全国花街連盟編、昭和三十一年）なる冊子が所蔵されている。そこには北海道から鹿児島にいたるまで、都市部を中心に総計で六百をこえる、料理業組合、芸妓組合、置屋組合などの関連諸団体の名称・所在地が掲載されており、昭和戦後期に存在した日本全国の花街を総覧することができる。

同一ないし近接する地区内に複数の組合が立地している場合もあるので、それらを差し引いて整理すれば、およそ五百ヵ所に集約できるだろうか。少なくとも花街という名を冠した全国連盟所属の機関が立地する〈まち〉という意味で、これだけの花街が列島の各地に存在していたのだ。

では、そもそも花街とはどのような〈まち〉なのか。ヴァリエーションや地域差をひとまず措くならば、それは芸妓（げいぎ・げいこ）の所在（営業）する場所である。芸妓のいないところに花街は成立しない。けれども、ただ芸妓がいるだけなのか、といえばそうではない。芸妓の存在は、あくまで必要条件である。芸妓が営業するためには、芸妓を抱える置屋、芸妓が芸を披露して宴に花を添える料理屋、待合茶屋、貸席、旅館、その他の類する施設、そして置屋と派遣先とを仲介する事務所――一般的には検番（券番・見番）と呼ばれる――がともなわれる。つまり、芸妓の存在を前提とし、彼女たちの諸活動にかかわるサーヴィス業がある程度集積してはじめて、花街は成立する。

組み合わせはさまざまであるとはいえ、芸妓を抱える置屋を中心に、関連するサーヴィス業の集積をもって成立する花街は、昭和前期には最低でも五百ヵ所以上存在していた。戦前にさかのぼってみても、昭和五（一九三〇）年末の段階で市制をしいていた百十三の都市のうち、花街の存在を確認することのできないのはわずか八市にすぎない。このことは、日本の近代都市が花街という特異な遊興空間をみずからのうちに組み込んでいた事実を物語る。

花街は、たんに多くの都市に共通する空間というだけではない。それが莫大な利益を生み出す産業であったことから、土地開発の手段として利用されることもしばしばあり、その利権をめぐって世間の耳目をあつめる疑獄事件にまで発展したことさえあった。また、規制や取り締まりの対象となる産業でもあることから、都市の統治に関わる思想をも色濃く反映する空間となる。このような点をふまえると、その形成史にはもっと関心がはらわれてよいと思われるが、花街そのものの成り立ち、あるいは立地・制度に関する文献はおもいのほか少ない。

本書は、都市の空間的共通項ともいうべき花街をつうじて、都市の形成史にまつわる社会・政治過程の一端を明らかにするものである。それは、都市を構成しつくりあげる土地利用や再開発（従前の用途とその転換）という地理的な側面に、土地の所有者、地元の有力者、関連する業者、そして政治家・警察などの社会・政治的な思惑を加味して、花街の成り立ちから都市の形成史を考える試みとなる。

江戸文化に関する研究のなかで遊廓なり花柳街なりがそれなりに重要な位置を占め、しかも「遊女」をめぐる興味ぶかい（結果として影響力のある）書物もいくつかあることから、花街といえばとかく江戸的なるものに結びつけて考えられがちである。しかし、「宴席に園遊会に凡そ人の集るところに芸者といふもの来らざれば興を催す事能《あた》はざりしは、明治年間四十余年を通じての人情なりけり」という永井荷風の指摘は（「桑中喜語」）、江戸から連続するという前提に疑問を付す糸口をあたえてくれる。慰楽の場に「興」を添えるようになったのは近代になってからのことである、ということを端的に示しているからだ。また荷風は、「新開の町村に芸者屋町を許可するは土地繁昌を促すがためといへり」とも指摘していた（「桑中喜語」）。この荷風の一文に導かれて本書の結論をいくぶん先取りしていうならば、都市の空間的な共通項と位置づけた花街は、まさしく明治期以降の都市形成と再編の過程で生み出された場所にほかならない。花街は近代の所産なのである。

本書では、明治・大正・昭和戦前期を通じて創出された花街のなかから、とくにその形成過程と政策的な意図とが読み取りやすい事例をとりあげて各章に配した。明治期以降の都市空間の再編過程で創出される花街について、その成立の契機を地方色の多様性に還元するのではなく、近代都市の空間形成という枠組みのなかで位置づけていく。

本書は、拙著『花街――異空間の都市史』（朝日選書、二〇〇五年）をほぼ全面的に改稿したものである。改稿にあたっては、花街の開発をめぐる章を中心に再構成した。新たな章構成は、以下のとおりである。

花街は芸妓を中心として成立するが、営業の許可ならびに取り締まりは各道府県の規則に準じて実施されるため、立地や営業形態、そしておのずと花街の景観にもちがいが生じる。もっとも、制度、立地、街区の形態においては各地の花街に類似する点も少なくないので、まず第一章「花街の立地と形態」で花街の類型化を試みる。

第二章「城下町都市の空隙、市街地化のフロンティア」は、江戸から明治へと時代が変わり、政治・経済・社会の体制が転換するのにあわせて、都市空間の再編過程で成立した花街をとりあげる。旧藩主の下屋敷や武家屋敷が花街として再開発されるという、この時期にしかみられない特異な事例を三つの城下町都市――和歌山・鳥取・富山――にもとめる。殿様御殿の末路やいかに。

第三章の前半が近世的な土地利用を転換する際に、新たな用途として花街が選択される事例であるのに対して、後半は新しく開発された〈まち〉、あるいは市街地化した土地に花街が形成（場合によっては許可）される過程を、樋口一葉の『にごりえ』に材をとりながら考察する。また具体例として、鹿児島の墓地再開発と神戸の耕地整理事業にともなう市街地化をとりあげてみたい。

つづく第三章と第四章では、大都市の近代花街史をたどる。第三章「近代東京における地区指定の転回」は、近代東京の花街史を明治・大正・昭和初期に時期区分し、それぞれの時期に固有の花街形成のありかたを考察する。明治前期には江戸の岡場所を引き継ぎつつも、それだけにとどまらない多くの花街の成立をみた。時代が明治から大正へと移る瞬間にあわせたかのごとく、大正期には堰を切ったように新しい花街がつぎつぎと誕生していく。その過程で浮かび上がるのが、政治家の関与と、特定の業者の確立した花街の開発・営業のノウハウであった。

第四章「近代大阪における新地開発」では、大阪花街の近代史をたどる。東京とは異なり、元来、大阪の花街は芸妓と娼妓を併置する独特の制度を有していたことから、その近代史は芸妓と娼妓の分離の歴史、すなわち従来の花街の純粋な花街化とでもいうべき事態と新しい遊廓の創出とを、わたしたちは目の当たりにすることになる。とりわけ、大正期以降は、花街の新設によって近郊の土地開発をおしすすめようとする業者・地主・政治家の思惑が露呈する。

第五章「謎の赤線を追って——鹿児島近郊の近代史」は、戦後の「赤線」を調査するなかでおもいがけずいきあたった、鹿児島市の近郊名所「櫨木馬場《はぜのきばば》温泉」の盛衰を軸に、さまざまな語りから遊蕩のトポスの系譜をたどる。

目次

花街

遊興空間の近代

第一章　花街の立地と形態

1　遊廓と花街

昭和三十一（一九五六）年発行の『全国花街連盟名簿』に掲載された団体・事務所の所在地には、かつて遊廓であった場所もふくまれている。遊廓は花街の一種であるものの、花街すべてが遊廓というわけではなく、その形態は地域の制度・慣習にもとづき多様であり、明確に区別できる場合と、そうでない場合とがある。たとえば、京都を代表する花街として知られる《祇園町》（正確には祇園新地甲部）には、大正末年から昭和初年の段階で**図1**に示されるように少なからず娼妓も分布していた（加藤政洋「《祇園町》の空間変容」）。

一般的には、社会学者の永井良和が『風俗営業取締り』で明快に説明したように、明治期に「風俗警察」による取り締まりの対象となった遊廓とは、江戸時代以来の「集娼方式」を継承し、「貸座敷」（娼妓が寄寓し座敷を借りることを建前とする妓楼）を一定の区画に囲い込んだ土地であった。明治維新以降、旧来の遊廓にくわえて新たに設置された遊廓の取り締

図1　1920年代《祇園町》における芸妓・舞妓・義太夫・娼妓の分布

まりと規制は各地で行なわれていたが、全国的には明治三十三（一九〇〇）年に発布された「娼妓取締規則」（内務省令第四十四号）をもって「売買春が一定の空間の内部に限定して認められ」ると同時に、「それを各地方の警察が取り締まるという枠組が成立」する。

「娼妓」に「売春」を業とさせる貸座敷の空間的な囲い込みが実施されたことによって、その他のサーヴィス業の複合体ともいうべき花街との分離がおしすすめられる。貸座敷の営業する土地区画を指定することで達成された娼妓と芸妓の分離の帰結、それが娼妓を主体とする遊廓と、少なくとも制度上は売買春を一切ともなわない花街の成立であった。ただし、繰り返しになるが、芸妓と娼妓とが混在する《祇園町》のような花街＝遊廓も存在した。

昭和戦前期における市制施行都市の花街の概況をまとめたのが、**表1**である。昭和七（一九三二）年発行の『日本都市年鑑2』（東京市政調査会編）に収録された「料理屋・飲食店其他」と「遊廓」の項目を一覧化した。この表からは、花街と遊廓とで実態の把握のされかたにちがいのあることがわかる。花街は、花街それ自体としてカウントされているわけではないことから、料理屋、待合茶屋、貸席、芸妓置屋、そして芸妓の有無をもって、その存在を推測せざるをえない。少なくとも芸妓と芸妓置屋が計上されている都市には、なんらかのかたちで花街が存在していたと考えられるし、各都市で発行されていた都市案内書（ガイドブック）類には、必ずといってよいほど花街の項目があるため、それらをつうじて花街の存在を確認できた都市には、表中に◎を記入した。

他方の遊廓は、貸座敷の営業者数のみならず、免許地数もカウントされている点に特色がある。遊廓は「貸座敷の免許地」、すなわちひとつの区域として明確に把握されていたわけだ。花街が地区として把握されることはない、あるいは一部の例外をのぞいて把握することができない。このことは、両者の空間形態に原因するもので、その対照性が景観のちがいとなって、都市地図のなかにも明瞭にあらわれる。

表1　市制都市の遊廓と花街（1930年）

都市	人口	貸座敷		花街関係					
		免許地	営業者		芸妓	芸妓屋	料理屋	貸席	待合茶屋
1　東京	2070913	6	746	◎	10220	3703	732	175	2625
2　大阪	2453573	5	1305	◎	4723	190	846	222	18
3　京都	952404	8	1823	◎	1731	318	685	28	29
4　名古屋	907404	2	196	◎	2773	643	1041	1	95
5　神戸	787616	3	115	◎	989	420	1054	517	
6　横浜	620306	3	93	◎	1092	432	581	34	280
7　広島	270417	*		◎					
8　福岡	228289	1	40	◎	855	287	292	114	
9　長崎	204626	*		◎					
10　函館	197252	1	77	◎	334	125	280		
11　仙台	190180	1	33	◎	228	57	249	1	54
12　呉	190282	*		◎					
13　札幌	168576	1	33	◎	424	134	179	46	
14　八幡	168217	1	26	◎	250	51	234	4	
15　熊本	164460	1	64	◎	435	58	228	76	19
16　金沢	157311	4	275	◎	839		125	10	23
17　岡山	139222	*		◎					
18　小樽	144887	2	29	◎	319	28	301	4	
19　鹿児島	137236	1	23	◎	395	108	153	12	
20　静岡	136481	1	13	◎	183	67	58	8	
21　佐世保	133174	*		◎	360	144	292		39
22　新潟	125108	1	64	◎					
23　堺	120348	3	204	◎	454	59	69	1	
24　和歌山	117444			◎					
25　横須賀	110301	1	29	◎	277	70	45	3	34
26　浜松	109478	1	22	◎	536	124	361		1
27　門司	108130	1	13	◎	213	68	224	4	
28　川崎	104351	1	19	◎	92	32	172	1	9

都市	人口	貸座敷		花街関係					
		免許地	営業者		芸妓	芸妓屋	料理屋	貸席	待合茶屋
29　豊橋	98555	1	56	◎	544	101	133		
30　下関	98543	11	91	◎	670	129	403		1
31　岐阜	90112	1	58	◎	465	133	61		80
32　大牟田	97298	1	22	◎	215	82	182	46	
33　高知	96988	2	42	◎	121	4	67		
34　徳島	90634	1	83	◎	370	126	437	83	64
35　小倉	88049	1	27	◎	161	41	180	8	
36　前橋	84925			◎	253	82	111		
37　久留米	83009	1	23	◎	384	82	93	132	
38　旭川	82514	2	30	◎	206	28	163		
39　松山	82477	*		◎	183	23	76	3	
40　宇都宮	81388	1	15	◎	205	109	294		32
41　高松	79906	1	36	◎	314	23	247		
42　甲府	79447	1	21	◎	139	77	182		
43　青森	77103	1	20	◎	207		207		
44　富山	75099	1	49	◎	148	38	151		
45　長野	73912	1	25	◎					
46　松本	72141	*							
47　福井	64199	1	29	◎	316	89	153	5	
48　山形	63423	1	18	◎	182	34	46		19
49　岡崎	65507	1	37	◎	369	95	165		
50　盛岡	62249	1	17	◎	128		193		
51　姫路	62171	1	10	◎	205	30	133		
52　宇部	61172	1	18	◎	76	27	226		1
53　那覇	60535	*							
54　高崎	59928			◎	173	62	119		
55　長岡	57866	1	32	◎	251	78	208		
56　若松	57320	1	10	◎	121	36	178	8	
57　大分	57294	1	24	◎	73	23	83		

都市		人口	貸座敷		花街関係					
			免許地	営業者		芸妓	芸妓屋	料理屋	貸席	待合茶屋
58	津	56089	1	13	◎	214	44	66		
59	室蘭	55855	1	15	◎	96	21	97		
60	清水	55665	1	9	◎	106	38	53		
61	宮崎	54600	1	12	◎	382	163	174		
62	八戸	52907	1	26	◎	82		55		
63	桐生	52906			◎	159	76	97		
64	奈良	52784	2	40	◎	155	38	165		
65	八王子	51888	1	14	◎	101	41	14		24
66	四日市	51810	3	39	◎	127	38	36		
67	高岡	51760	1	17	◎	155	55	59		
68	戸畑	51674	*		◎	72	20	130		
69	釧路	51586	1	18	◎	128	5	105		
70	郡山	51367	1	3	◎	111	29	103		
71	宇治山田	51080	4	39	◎	237	42	66	1	
72	秋田	51070	1	10	◎	124	39	30		
73	水戸	50648			◎	119	43	73		29
74	尼崎	50064			◎	42	8	57		
75	千葉	49088	1	11	◎	137	74	70		
76	佐賀	46183								
77	福島	45692	1	9	◎	128	35	95		14
78	米沢	44731	1	8	◎	48	23	24		
79	松江	44502	1	38	◎	149	31	119	38	20
80	宇和島	44276			◎	186	41	71		
81	沼津	44027	1	6	◎	121	32	60		1
82	足利	43898			◎	130	61	159		75
83	今治	43735			◎	107	14	32		
84	若松	43731	*		◎	152	61	132		
85	弘前	43337	3	22	◎	72		142		
86	別府	43074	2	55	◎	165	52	211		

都市		人口	貸座敷		花街関係					
			免許地	営業者		芸妓	芸妓屋	料理屋	貸席	待合茶屋
87	一宮	42229			◎	325	66	96		3
88	直方	40072	1	14						
89	西宮	39360	3	38	◎	15	1	81		
90	明石	38958	1	14	◎	163	40	89		
91	大垣	38508	1	17	◎	210	41	97		26
92	福山	38214	＊		◎					
93	瀬戸	37309			◎	134	32	60		
94	鳥取	37189	1	46	◎	115	32	148		
95	都城	35512	1	4	◎	88	24	47		
96	上田	35138	1	16						
97	岸和田	35102			◎	152	41	30		
98	大津	34379	4	119	◎	165		62	3	
99	鶴岡	34316	1	11	◎	68	25	26		10
100	川越	34205			◎	50	20	51		
101	津山	34159	＊		◎					
102	米子	33632	1	33	◎	82	27	64		
103	山口	32385	3	18	◎	87	18	131		
104	高田	30934	1	19	◎	132	26	145		
105	倉敷	30112	＊		◎					
106	尾道	29084	＊							
107	丸亀	28837	2	34	◎	98	28	96		
108	中津	28563			◎	165	52	94		
109	首里	20119								
110	唐津	17344			◎					
111	飯塚	40009								
112	平塚	33498	1	12	◎	125	49	121		6
113	萩	32106	2	9	◎	56	19	127		

※1　若松（56：福岡県、84：福島県）
※2　＊記載がないものの遊廓の所在を確認した市。
※3　◎は花街を確認した市。空欄は不明・未調査。
※4　値はいずれも昭和5（1930）年末現在（人口は昭和5年10月現在）

2　地図のなかの花街

遊廓と花街はどちらもさまざまな変異をふくんでいるが、売買春の制度的な公認・非公認を背景に、両者の空間形態には決定的なちがいが生じる。その差異は、都市空間においてどのようにあらわれていたのか。

江戸時代から存続した、あるいは明治前期に創出された遊廓の多くは旧市街地の周縁部に位置し、明治三十年代前半の各府県における「娼妓（貸座敷）取締規則」において公認（地区指定）される。他方、既成市街地に妓楼（貸座敷）が散在したままの都市も少なからず残存した。そのような場合、近代的な都市空間を建設するにあたって市街地に妓楼があるのでは風紀上、あるいは取り締まりのうえで好ましくないとし、たとえば次のように旧来の妓楼や遊廓を整理統合して、近郊の土地区画に囲い込む事業をすすめなければならなかった。

「遊廓」　遊廓は灘町の北端に在り、以前は市内楼を建て港頭亭を構へ、娼妓の白昼街巷を闊歩するあり、風紀上弊害尠《すくな》からざりしが、大正元年米子町に於て遊廓移転地を定め、新たに一遊廓を成せり、地は一方に僻し風景亦佳なり、紅紫粉黛、歌吹酔舞の場たるに適す。（丹羽且次編『米子の栞』）

「貝塚遊廓の移転」府下泉南郡貝塚の遊廓は町中を縦断せる国道に沿うて普通の商家と交り南北の二箇所に建ち並び居りて風俗取締上好ましからず其の筋に於て疾《とく》より移転の必要を認め内内訓諭する所あり爾来町是として移転先を物色中の所幸ひ同町の南方国道と南海鉄道線路の中間に蜜柑畑ありいよ〳〵此の地一町七段歩ばかりを遊廓地とし移転のことに決定府知事は二十五日附を以て大正三年一月三十一日限り現在の地を廃止の府令を発布したり因みに同遊廓内貸座敷免許者は三十二名、登録娼妓は六十名なり
（『大阪朝日新聞』大正二年一月二十六日）

この二つの地方都市——米子（鳥取）と貝塚（大阪）——の事例に示されるように、「風紀上」の「弊害」、あるいは「風俗取締上」の必要性から、市街地に分散していた貸座敷を移転させて囲い込む事業が推進された結果、各地の都市で新しい遊廓がつぎつぎと誕生する。

近からず遠からずを旨として既成市街地の近郊に配置された近代遊廓は、都市地図のなかに、その姿をはっきりとあらわす。戦前に発行された市域・町域の「全図」、「市街全図」、「市街図」、「市街地図」といった類の都市地図には、必ずといってよいほど遊廓の所在が記載されており、その位置を明確に読み取ることができる。

長野市の《鶴賀新地》と花街

一例として、長野県の県庁所在都市長野をとりあげてみよう。善光寺の門前、そして街道の宿場町であること以外に都市的な基盤の弱かったこの地は、同県最大の城下町都市である松本市とのあいだで争われた県都の座をめぐる綱引きに勝利した結果、行政機関を中心とする都市的な施設がつぎつぎと設置されて、急速な都市化を経験する。

明治期の都市建設がほぼ完了したと思われる段階の**図2**を参照すると、門前を南北にのびる街路を都市の軸線として、その街路にちょうど十字を描くように門前で直交する北国街道にそって、市街地の形成されていることがわかる。

近代化に必要不可欠な諸施設の空間的配置がとても興味ぶかい。県庁（明治七年、図中の付属小学校の位置から移転）、師範学校（明治八年）、中学校（明治二十六年）、そして市役所（明治三十年）と警察署（明治八年設置、同三十五年市役所隣に新築移転）を中心に、監獄署（明治十五年）や県会議事院（明治二十一年）、赤十字病院長野支部（旧市立病院、明治三十七年）、赤十字社長野支部（明治三十二年）といった主要な施設は、南北の街路の西側に位置する。

市街地の北部には、善光寺の東に公園（明治十三年払い下げ）、地方裁判所（明治十九年）、高等女学校（明治二十九年創設、同三十五年図中の場所に新築移転）が置かれ、明治

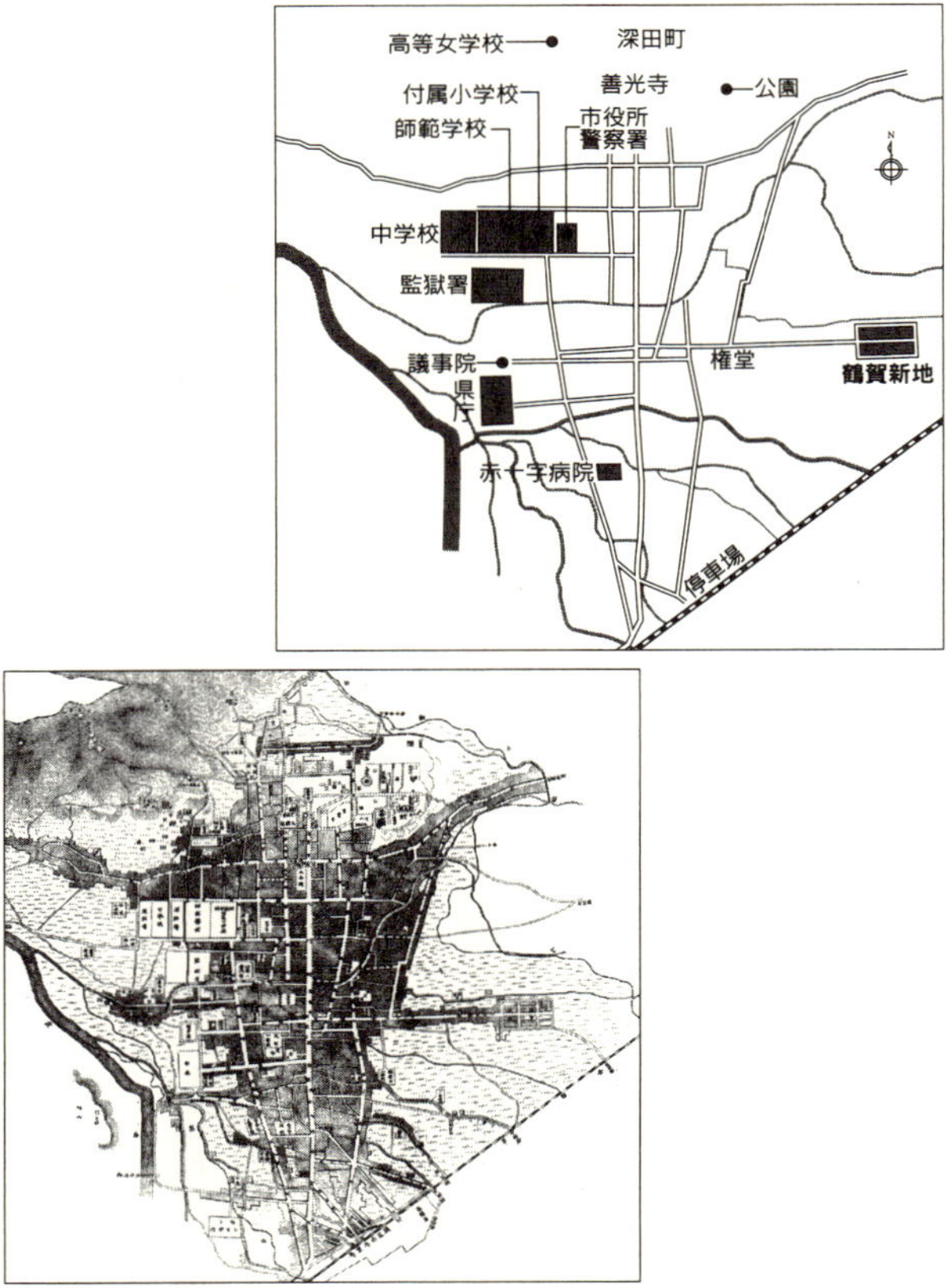

図2　長野の市街地と《鶴賀新地》

三十九年には宅地を取り払って共進会（各地の農産物や工業製品を集めて陳列し、品評するイベント）の用地が確保された。その跡地が善光寺東側の公園である。市街地の南端には、停車場（明治二十一年）もみえる。

このように、都市の近代化をになう諸施設は、いずれもそれなりの敷地面積を必要とすることから、既成市街地を取り囲むように外縁部に配置されたのだった。城下町の空間再編とは異なるものの、これもまた近代都市のひとつの形姿である。

他方、行政・教育を中心とする各種機関とは対置されるかのように、みごとに区画整理された《鶴賀新地》を市街地の東方にみることができる。まさに「一廓」型と呼ぶにふさわしい、明治天皇の巡幸に先立って明治十一（一八七八）年に新設された遊廓である。当初は田畑のど真ん中に建設されたであろう遊廓と市街地の権堂《ごんどう》とを結ぶ街路には、すでに家屋が建ち並んでいる。明治後期出版の村松清陰編『長野案内』の「遊廓」では、次のように描写された。

> 鶴賀新地といふ。権堂町の東五町を距《へだた》る所にありて、東西百二十間、南北八十間、面積一万坪あり、大廈《たいか》高楼雲表に聳え、西に大門ありて、繞《めぐ》らすに木柵を以てす。門より一直線の通りを仲之町といひ、仲之町の南裏通りを住吉町といひ、北裏通りを松ヶ枝町といふ。妓楼の数四十三戸あり。

《鶴賀新地》は、市街地から近からず遠からずという立地条件をみたしているものの、この場所が開発されたのは、おそらく偶然ではない。そこには、次のような歴史地理的背景があった。寛保年間（一七四〇年代前半）にまでさかのぼるという「仏都の遊女屋街」は、善光寺門前の宿場町の繁栄にあわせて茶屋の集積した権堂界隈に形成されていた（池田彩雲「盛衰興亡と特有情緒」）。この権堂の色街が、明治天皇の巡幸にそなえて、時の県令（県知事）楢崎寛直のもとで移転を命じられたのである。

図中における権堂と《鶴賀新地》との位置関係から観察されるのは、県庁所在地の目抜き通りに面した江戸時代以来の「遊女屋街」を解体するために、当時の営業地である権堂の東側に手っ取りばやく土地区画を整理し、遊女を抱える妓楼を移転させるという為政者の意図である。

新たに土地を開発して、大門を中心とする矩形の理想的な街区が難なく実現したことから、のちに作成された地図のなかにその空間形態をはっきりと読み取ることができる。他方、遊廓の機能を失った権堂では、もとの妓楼が商人宿などに用途転換されるとともに、「芸妓の置屋町」、すなわち花街として再興したものの、東の《鶴賀新地》とは対照的に、花街を地図に読むことはできない。

長野で明治四十一（一九〇八）年に開催された共進会の期間中、にわか景気に沸く市街地の東之門町に置屋があらわれ、それまでの民家・商家がまるで花街のような様相を呈するにいたった。それらの置屋は、のちに善光寺の裏側に押し隠されるかのように移転を命じられ、受け入れ先となった深田町は権堂とともに花街として公認されるにいたる。権堂と同様、深田町の花街も地図から読み取ることはできない。

このように、花街と遊廓とでは都市空間におけるあらわれかたにおいて、顕著なちがいを示す場合もある。次いで、城下町起源の都市である高田市(新潟県、現・上越市)を観察してみよう。

高田市の《栄町》と花街

「高田市街図」を一見すればわかるように(**図3**)、市街地の北端には矩形の遊廓(《栄町》、五分一《ごぶいち》町から改称)がある(**図4**)。港町として栄えた近傍の直江津には江戸時代から遊廓が許されていた一方、高田城下では妓楼を営むことは固く禁じられていた。しかしながら、旧市街地のほぼ中央に位置する横町では、商家三十一戸のうち二十八戸までもが「旅籠屋の名称の下に雇人を留女《とめおんな》或は飯盛《めしもり》と唱へて醜業を営」んでいたという。天明四(一七八四)年以降は一軒につき五人まで「留女」を抱えることが許されたことから(新潟県高田市教育会編『高田市史』)、実際には横町が遊廓をなしていたとみてよい。

維新後、横町の旅籠屋は貸座敷としての営業が正式に認められたため、高田の娼妓は増加

図3　高田の市街地と《栄町》

図４　《栄町》の廓内景観

の一途をたどる。そうなると案の定、「枢要の位置」にあって「風教」を害することが問題となり、明治四十三（一九一〇）年二月、横町の遊廓は五分一（のちの《栄町》）への移転を命じられたのだった。

《栄町》の立地と空間形態は明確であるものの、長野と同様に花街を地図にみてとることはできない。藩政時代の城下では妓楼（遊女）とともに芸妓の営業も禁じられており、宴席の余興には座頭や瞽女《ごぜ》が招かれていたが、「今日に於ては芸妓百四十七人を数ふるに至れり」というように（香岳散史編『高田案内』）、陸軍関連の施設を擁する軍都となった高田には、明治期をつうじて田端町、旧遊廓の横町に接する府古町、そして江戸時代から横町と同じく旅籠屋の営業を認められていた下小町に、それぞれ花街が形成される。

なかでも、高田を代表する花街へと成長したのが田端であった。

駅前の広場を出てまつすぐに、本町通りに出る一寸手前の十字路を右へ曲つて、魚市場や青物市場の前を通つて六七町ゆくと道の両側にズラリと軒灯が並んで、内から冴えた糸の音などがもれてくる、即ち其処が田端町で、花街と云つても格別けば〳〵しい趣きもないが、それ等の芸妓屋形の軒につゞいて大小の貸席・料理店がおなじく軒端をならべ、間口は狭いがいづれも奥行は深く、ちよつと暗い感じを免れぬが、それが北国特有の花街風景とおもへば却つて一種の風情が見出されやう。（松川二郎『全国花街めぐり』）

地方都市の花街の場合、遊廓のような「一廓」型の地区指定はあまりなく、旅行ライターの松川二郎が描くように、置屋・料理屋・貸席などが街並みにまじって花街風景を現出させていた。とはいえ、長野では権堂・深田町、高田市では田端町・府古町・下小町と、特定の街区に関連するサーヴィス業が集積していることから、そこを訪れればすぐにそれとわかる風景がみられたのである。

3　花街の空間的類型

遊廓は市街地の周縁に立地し、きちんと区画された「一廓」の形態をとることから、比較的容易にその所在地を地図、そして現実の都市のなかにみてとることができる。地図に「遊廓」という記載がなくとも、旧市街地の周辺という立地に区画上の特徴をふまえれば、そこが遊廓であるとわかることもしばしばだ。

存在のきわだつ遊廓に対して、花街の有無、あるいはかりに花街が形成されていたとしても、それがどのような形態で存在していたかをたしかめることはむずかしい。そこで、遊廓をのぞく一般的な花街の様態を、播但地方（兵庫県南西部・北部）の三都市を事例に整理してみよう。

播但地方の事例から

ここで例にとるのは、旧城下町の姫路、播州の小京都と称される龍野、そして但馬地方の中心都市・豊岡である。

まず、豊岡からみると、当時のガイドブックの「花柳界」の項に、次のような記述がみられる。

表2　寺町の「接客業」の構成（1936年）

料理屋	相坂、田中楼、平野屋、平音、紫雲楼、すし寅、黒坂、金毘羅	8軒
カフエー	かのこ、二見食堂支店、松竹、青柳食堂、森本食堂、丹吉、キング、ブラジル、更科食堂	9軒
芸妓置屋	田中楼、立川楼、紫雲楼、永楽亭、永井、中川	6軒
その他	小川湯（湯屋）	1軒

寺町の一区画を柳暗花明の別天地とし、茲《ここ》に料亭、置屋、飲食店等二十余外芸妓共同事務所、女紅場《にょこうば》を置く、本年六月三十日現在の芸妓数五十三名である。料亭の重なるものは紫雲楼（寺）、水野楼（豊岡）、たいや（中）、糸勝西店（新屋敷）等である。（加藤無絃編『新訂 豊岡案内』）

「豊岡芸妓共同事務所」すなわち検番は、大正五（一九一六）年に設立された。この「別天地」と称される寺町には、**表2**に示されるように、六軒の置屋のほか、料理屋やカフエーなども営業する、まとまりのある花街が形成されていた。

大正十四（一九二五）年五月の北但大震災後にも、一廓型花街の建設が目論まれていた。

芸妓置屋料理屋等は散り散りにあることは衛生上又児童教育上面白くないと滋茂町の一画を設定して二十数軒の料理屋、置屋等を紅区に集め所謂色街なるものをつくり目下ど

しく〳〵工事中でこれまでの田舎くさい空気を捨てゝ新しい都会式のものである（『神戸新聞』大正十五年十月一日）

このように震災復興の区画整理事業にあわせて、あらためて「一画」に置屋・料理屋をあつめた「色街」を建設したのである。

次いで播州の小京都、龍野に目を転じると、戦後にいたっても「山陽道では一番芸者の揃っているところ。人口わずか三万五千の小都市ながら、芸者の数が百七十名。淡口醬油のつくられる古い土地柄か、芸者遊びがわりに流行り岡山、姫路の旦那衆もこつそり用事を見つけてやってくる」と紹介されるように（渡辺寛『全国女性街・ガイド』）、都市の規模以上に花街の繁栄した土地柄であった。

龍野の花街は、このあとにみる姫路と同じ魚町《うおまち》であり、営業地として指定されている。「龍野警察署沿革誌」（龍野市『龍野市史 第六巻』所収）の記録によれば、「魚町ハ幅員約二間ノ町道ニテ、其両側ニハ従前ヨリ芸妓置屋・芸妓寓所・飲食店・料理屋ヲ当署ニ於テ許可」されていた。ところが、当の魚町は小学校に隣接し、「教育風俗上支障」をきたした。そこで、龍野署は昭和六（一九三一）年、魚町における新規の営業を禁じる一方、「裏町筋」にあたる桶屋町・水神町・浦川筋等における営業の規制を緩和する。ある地区で営業を禁じ、別の地区で規制を緩和すれば、新規の業者は規制の緩和された地区で起業せざるをえない。また、旧来の業者も、新たなにぎわいをもとめて、早晩転出することになるだろう。つまり龍野署は、空間的な規制をたくみにつかいわけることで、花街の移転を促したのである。

空間的な規制における一方での強化と他方での緩和が、置屋の分散を促進したのであろうか。二十五軒の置屋は、十二ヵ町にまたがり立地していた。さらに、ガイドブックの「花柳界」の項目で「料理店は町内各所に散在するもの四十余戸、芸妓数は九十五人、芸妓共同事務所を通じて招聘に応ずる」と案内されるように（龍野商工会編『龍野案内』）、ある特定の街区に集積しているという意味での〈まち〉とはとてもいいがたい花街となっていたのである（**表3**）。

最後に姫路についてみると、その名の知られる城下町であるだけに、花街の存在もきわだっていた。

「花柳界」　柳暗花明の衢《ちまた》を魚町と称す。蓋《けだ》し狭斜の巷は西魚町を中心とせるを以つてこの名あり。料理店の重なるものは全市に五十余軒あり。芸妓は演舞場を設けて技を磨き、共同事務所を通じて招聘に応ず。その数合せて二百三十人、互に妍《けん》を競ひ、妖を争ひ、紅灯のもと絃歌風に流るゝの辺、或は門に凭《もたれかか》りて立つもの、或は蓮歩を移すもの、釵影、裾香《きょこう》楚々として人を惹く。（姫路商工会議所編『姫路』）

表3　龍野におけるサーヴィス業の分布（1936年）

町名	芸妓置屋	料理・飲食店	カフェー・喫茶	旅館(料理)	計
水神町	7	5			12
朝日町	1	7		1	9
魚町	5	3	1		9
上川原町		3	4	1	8
栄町	2	4			6
立町	1	4		1	6
今宿	2	1	2		5
桶屋町	1	4			5
舟本		5			5
横町	1	1	1	1	4
浦川	2	1			3
十文字川	1			2	3
福ノ神	1	2			3
日山上ノ町		1	1	1	3
他11ヶ町	1	4	9	2	16
計	25	45	18	9	97

姫路では、市街地のはずれに立地する遊廓《梅ケ枝》とは対照的に、「花柳界」は中心部の西魚町に形成されており、略して《魚町》を花街名とした。市街地外縁の遊廓と中心部の「町芸妓」という空間的な配置は、地方都市によくみられる形態である。

共同事務所（検番）にくわえて演舞場もあるという点で、本拠が西魚町であることはまちがいない。けれども、わざわざ「料理店の重なるものは全市に五十余軒あり」という一文が挿入されているところをみると、芸妓はどの料理屋にも「共同事務所を通じて招聘に応」じていたはずだ。芸妓の往来する空間を花街とみなすならば、龍野と同じく全市これ花街なり、といった感もある。

空間形態の三類型

播但地方の花街を概観すると、その形態にある程度明確なちがいのあることがわかる。「寺町の一区画を柳暗花明の別天地」とする豊岡型、料理店のみならず置屋までもが「各所に散在する」という龍野型、そして「狭斜の巷は西魚町を中心とせる」という姫路型である。

龍野のサーヴィス業は、小規模な都市のことゆえいずれも近距離にあるものの、料理店のみならずカフエーや置屋までもが複数の町にまたがって「散在」していた。姫路の場合も料理店は市街地に分散しているものの、置屋にくわえて一部の料理店が西魚町に集積して「狭斜の巷」をなす。豊岡は「一廓」型といってよい。

これらを空間的なまとまりという点から整序すれば、

［一］地区を指定、あるいは特定の区画に置屋などが集合して「一廓」をなす花街——豊岡型

［二］地区の指定はないものの、特定の街区にある程度のまとまりを有する花街――姫路型
［三］関連サーヴィス業が市街地に散在する花街――龍野型

となるだろう。遊廓のほとんどは［一］に類する形態であり、後述する東京の二業地・三業地、大阪の「新地」もまたこれに分類される。

花街全体でもっとも多い形態が［二］である。とくに中心商店街や盛り場に隣接する花街は、この類型にふくまれる。料理屋が繁華街を中心に市街地に散在していても、置屋は特定の街区にあつまっていることが多い。

また［三］は、比較的小規模の都市に限定されるように思われるのだが、このあとにみる名古屋はある種の例外かもしれない。

名古屋の「連」

中京の花柳街、それは日本の花柳界に於ても余りにも有名である。新柳二橋の東京、宗右衛門町の大阪に比べて、美人と西川流の舞踊を以て立つ名古屋の紅裙《こうくん》の嬌名は、敢て松川二郎の筆を借らずとも日本的に宣伝されてゐる。（島洋之助編『百万・名古屋』）

あえてその筆を借りずとも、と名指された旅行ライターで花街に精通した松川二郎は、「名古屋の花街は十七箇所に分れてゐて、花街の数から言へば遥かに大阪を凌駕してゐるが、見方によつては全市唯一つの花街と見られぬこともない」（『全国花街めぐり』）、と述べていた。龍野よりはるかに都市規模の大きい名古屋について、市全体がひとつの花街であるというのは、その数の多さにくわえて、「連」と称される独自の検番制度にあった。

芸妓を抱える置屋は必ずどこかの「連」に所属しているものの、各連の芸妓は「全市どこの料亭待合でも自由に出入」することができるうえに、おでん屋、洋食屋、鰻屋、うどん屋を問わず、料理を出す店ならば一切の区別なく出向いた。「連」の多さと、制限の少ない芸妓の移動性とをとらえて、松川はあえて「全市花街」とみなしたのだ。

とはいえ、各「連」には一応の本拠地が存在しており、市内各所には「連」の所在地を中心にある程度まとまりのある花街が形成されていた。なかでも、中心商店街である広小路の裏通りには五つの「連」があつまり、それらは自他ともに認める名古屋の代表的な花街であった。通称「五連妓」という。

当時の観光案内には、「広小路の複雑性を更に味ふものは、これから派生する劇場、カフエー街、花柳街などに目をつけねばならない」とし、「花柳街は蒲焼町が名古屋花柳界を代表してゐる」と紹介されている（名古屋観光協会編『名古屋観光案内』）。起源は徳川時代とも明治初年ともいわれる「盛栄連」、明治十四、五年頃に蒲焼町の「東雲連」からおこった

「市内随一の大連妓」である「浪越連」、その「東雲連」から分裂し「浪越連」と対立する「中検番」、旭遊廓が中村へ移転した際にもとの位置にふみとどまり「新地連」とも称された「廓連」、その「廓連」から分裂した「睦連」（明治三十七年成立）。これら一流の花街・芸妓が「五連妓」である。

この「五連妓」に、熱田伝馬町の「熱田連」（明治三十七年成立）、「巾下芸妓の名で古い歴史」を有する「浅遊連」（明治二十年成立）、西区の盛り場「圓頓寺筋」界隈の「美遊喜《みゆうき》連」（大正二年成立）、鍋屋町、竪代官町、飯田町などに散在していた置屋を東新町の「一廓」に集めた「吾妻連」（明治三十二年成立）、そして市街地東北の「新開地」である大曽根の「和合連」（明治三十年前後に成立）をくわえて「十連妓」、さらに南遊廓（錦町遊廓、あるいは稲永遊廓）の「南連」と中村遊廓の「旭連」とをくわえて「十二連妓」となる。

都市の成長とともに、「盛り場は料亭、小料理屋、銘酒屋を付随してあちこちに出現し」、そこに「湧出」する「絃歌嬌笑の歓楽境」。昭和初期には、地盤を同じくする「八幡連」と「八幡共立連」、「一種の待合式歓楽境」であった「港楽園」の「港連」などを新たにくわえ、名古屋の花街は「十六連」へと拡大した（**表4**）。松川二郎のいう「十七花街」には、この他に庄内川左岸の「枇杷島連」がふくまれる。

明治期以降の市街地の拡大、盛り場の発展とともに発生した花街が「連」として公認され、しかも空間的には野放図に営業するさまは、ほかの大都市ではみられない。

表4　名古屋の「連」

<table>
<tr><th>所在地</th><th>連</th><th>1925</th><th>1929</th><th>1932</th><th>1933</th><th>1936</th><th>1937</th><th colspan="3">通称</th></tr>
<tr><td>西区　八重垣町</td><td>盛栄連</td><td>○</td><td>○</td><td>○</td><td>○</td><td>○</td><td>33</td><td rowspan="5">五連妓</td><td rowspan="12">十二連妓</td><td rowspan="16">十六連妓</td></tr>
<tr><td>中区　古郷町</td><td>睦　連</td><td>○</td><td>○</td><td>○</td><td>○</td><td>○</td><td>28</td></tr>
<tr><td>中区　城代町</td><td>廓　連</td><td>○</td><td>○</td><td>○</td><td>○</td><td>○</td><td>70</td></tr>
<tr><td>東区　針屋町</td><td>浪越連</td><td>○</td><td>○</td><td>○</td><td>○</td><td>○</td><td>112</td></tr>
<tr><td>中区　住吉町</td><td>中検番</td><td>○</td><td>○</td><td>○</td><td>○</td><td>○</td><td>84</td></tr>
<tr><td>東区　竪代官町</td><td>吾妻連</td><td>○</td><td>○</td><td>○</td><td>○</td><td>○</td><td>49</td><td rowspan="11"></td></tr>
<tr><td>南区　伝馬町</td><td>熱田連</td><td>○</td><td>○</td><td>○</td><td>○</td><td>○</td><td>47</td></tr>
<tr><td>西区　浅間町</td><td>浅遊連</td><td>○</td><td>○</td><td>○</td><td>○</td><td>○</td><td>28</td></tr>
<tr><td>西区　志摩町</td><td>美遊喜連</td><td>○</td><td></td><td>○</td><td>○</td><td>○</td><td>30</td></tr>
<tr><td>東区　東大曽根町</td><td>大和連</td><td>○</td><td>→和合連</td><td>○</td><td>○</td><td>○</td><td>15</td></tr>
<tr><td>南区　宿亀町</td><td>南　連</td><td>○</td><td>○</td><td></td><td></td><td>○</td><td>33</td></tr>
<tr><td>西区　則武町</td><td>旭　連</td><td>○</td><td>○</td><td></td><td>○</td><td>○</td><td>11</td></tr>
<tr><td>南区　西古渡町</td><td>八幡連</td><td></td><td>○</td><td>○</td><td>○</td><td>○</td><td>17</td><td rowspan="4"></td></tr>
<tr><td>中区　東古渡町</td><td>富士見連</td><td></td><td></td><td></td><td>○</td><td>○</td><td>7</td></tr>
<tr><td>南区　西古渡町</td><td>八幡共立連</td><td></td><td></td><td></td><td></td><td>○</td><td>24</td></tr>
<tr><td>南区　港楽園</td><td>港　連</td><td></td><td>(築地連)</td><td></td><td></td><td>○</td><td>13</td></tr>
</table>

※1 所在地は、1937年に事務所があった町名。
※2 1937年は置屋数。

東京は標準か

東京の花柳界の所在地を下町と山の手に分けると、下町の主なものは、新橋、烏森、日本橋（芳町、浜町、檜物町など）、下谷、吉原、赤坂、その他、山の手の主なものは、神明町、白山、神楽坂、富士見町、四谷、麻布、渋谷、その他である。さうして、それ等の土地には、一軒の検番の外に、数十軒の芸者家、数十軒の待合、数軒の料理屋がある。一口に云ふと、分業制度になつてゐる。或る土地では二業組合、或る土地では三業組合などといふ名称がある所以である。（宇野浩二『大阪』）

大阪育ちで、東京の花街文化にもつうじていた作家の宇野浩二は、「分業制度」を採用しているところに、東京花街の特色をみいだした。彼が述べるとおり、花街の営業全般をとりしきる検番を中心に、芸妓屋に待合・料理屋が組み合わされて、二業地ないし三業地の花街となる。東京の場合、《新吉原》と《洲崎》、そして四宿（品川・新宿・板橋・千住）の遊廓をのぞくすべての花街が芸妓専門で、いずれも明確に営業地区を指定されているところに特色があった。

宇野によると、上方の花街については「東京の花柳界を標準にして説明すると分りいい」

といい、松川二郎もまた「東京の花街は凡て芸妓屋、料理屋及び待合茶屋から成る三業制度である」のに対して、「京都・大阪は芸妓置屋と貸席《おちゃや》との二業組織」であると説明してみせる。

しかしながら、上方の花柳界で二業・三業という分類がなされることはなく、置屋も貸席にふくまれることから、どうもしっくりとこない。宇野自身も、「芸者屋といふ言葉も東京と大阪とでは意味は大分ちがふ」とし、大阪の置屋には検番を兼ねる「芸妓扱席」があり、さらにそのなかには貸席をも兼ねる大店もあることを指摘するのだが、大阪花街にあってもこの種の大店は例外的だ。

むしろ決定的に異なるのは、貸席（お茶屋）に娼妓があがることもあるため、東京の待合と類比して説明することができない点にある。大阪・京都の旧来の花街には芸妓・娼妓がともにおり、いずれも貸席へよぶことができた。さらに、「居稼店《てらし》」と称される娼妓居付きの貸座敷もなかにはあったので、やはり東京の二業地・三業地とは、その性格を大きく異にしていた。

結局のところ、「東京の花柳界を標準にして説明すると」、おそらくその他の地域の花街すべてが例外とならざるをえなくなる。すでにみたとおり、多くみられるのは空間形態［二］であり、大阪・京都の花街はもちろん、東京の二業地・三業地もむしろ例外といったほうが正鵠をえている。

図５　遊廓の外観
上：左《常盤町》（新潟）／右《若葉町》（飯坂温泉・福島）
下：左《松ヶ枝》（道後温泉・愛媛）／右《栄新地》（福井）

花街の立地と形態に関する以上の知見から明らかになるのは、都市空間にあって確たる存在の遊廓とは対照的な花街のありようである。廓という名のごとく、遊廓が都市外縁の区画に囲繞《いじょう》された一方、花街は「一廓」型の形態よりは「町芸妓」と称されるように繁華街の周辺にゆるやかなまとまりをもって形成されていた。

「一廓」型の遊廓のように、壁で囲われたり、門を設けるようなことはないものの（**図５**）、東京の二業地・三業地は一本の線で囲まれる範囲を指定されており、また大阪・京都の花街は町域が明確に定められているという点で、芸妓の移動性を考慮しないならば、かぎりなく一廓型にひとしい空間形態を有していたのである。

以下では、花街文化としての制度・慣習には十分に配慮しながらも、近代花街に通底する「開発」の側面に照準して、各章に特色ある事例をあげていく。

第二章　城下町都市の空隙、市街地化のフロンティア

花街の立地について、第一章では、計画的に設置される遊廓をふくむ一廓型ないし地区指定型の花街は市街地の周縁あるいは近郊に、他方、人口の増大や都市化の過程で形成される花街は繁華な商業地とその周辺に立地することを指摘した。これらはあくまで、花街の遍在ともいうべき状況を呈するにいたった昭和初期の観察からえられた結果にすぎない。

花街はかかる場所に立地すべし、という近代都市の空間的文法がいまだ確立されない明治前期にまでさかのぼってみると、そこにはおもいもよらぬ立地形態をみてとることもできる。幕末・維新期の構造転換は、政治体制に限られたことではなかった。都市空間もまた新しい社会・政治にふさわしい装いをまとうべく、城郭とその周辺を中心にドラスティックな変容をとげる。

明治初年の城下町では、版籍奉還・廃藩置県によって、城郭を中心とした武家地はその主を失い、明治政府の管理下で新たな用途に転換されるのをまつだけの空間に変じていた。そのような空閑地をめぐって、この時期にしかみることのできない、きわめて特異な再開発の方針が、複数の地方城下町で打ち出される。本章の前半では三つの城下町都市、すなわち和

歌山・鳥取・富山を例にとり、維新後に数奇な変貌をとげた武家屋敷と藩主下屋敷の再開発に焦点をあわせてみたい。

後半では、城下町都市の内なる再開発から、外延する市街地化のフロンティアへと視点をおきなおし、近代花街の成立過程を素描する。鹿児島の墓地再開発と神戸市近郊の市街地化とは、近代的な都市建設をめぐる空間的文法が確立されていたことを物語るはずだ。

1　和歌山城丸の内の再開発

新地と廓

ここに「観光の和歌山案内図」と題された一幅の鳥瞰図がある（図6）。和歌山の市街地を中心に、南部の和歌浦・新和歌浦、東部の高野山までをも描く、ありきたりの観光案内図にみえるが、四角形や角丸四角形で囲われた地名・施設名をよくみると、花街に関連すると思しき固有名が点在していることに気づかされる。順不同にひろっていけば、《天王新地》、《阪和新地》、《東廓》、《北の新地》、《番廓》、《新和歌浦廓》、《不老園廓》という、「新地」や「廓」と名のついた観光スポットがある。「新地」は、花街に特徴的な地名である。

図中に散見される「〇〇廓」は、「遊廓」なのだろうか。大正六（一九一七）年に出版された野田華公編『和歌山和歌の浦 遊覧案内』には《番廓》と《東廓》の両廓が「遊廓」の

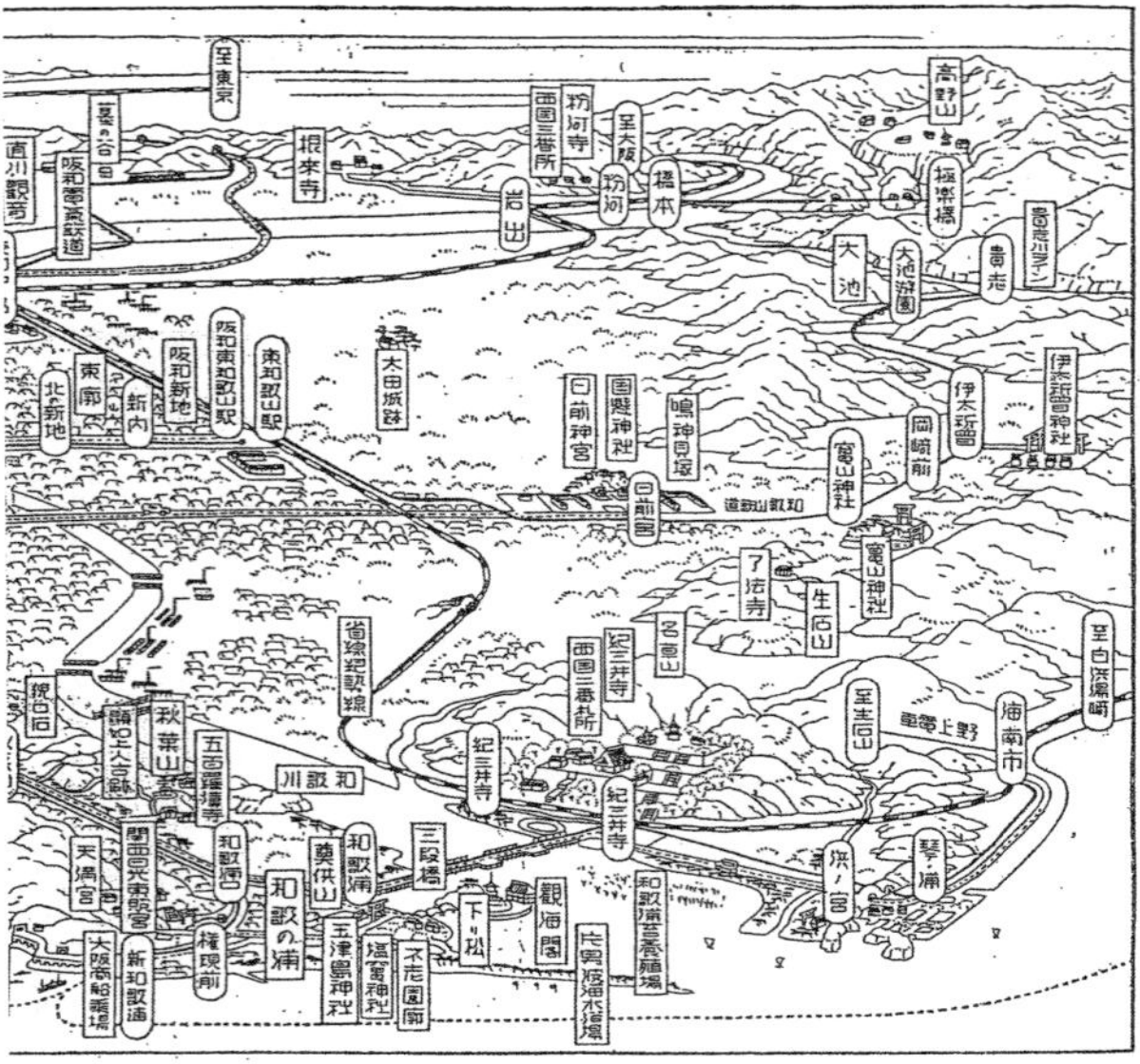

項目で紹介されているものの、和歌山の「廓」は一般にいう遊廓とは意味合いを異にしていた。

戦前に発行されたガイドブックからえられる断片的な情報を整理すると、以下のようになる。まず、市街地北端の《天王新地》ならびに東和歌山駅（現・ＪＲ和歌山駅）西側の《阪和新地》は、「酌婦」ばかりの花街で、いわば私娼街である。次いで「東廓」は、「東」、「(上・下）新内《あろち》」、「北の新地」などと通称される、江戸期以来の花街の

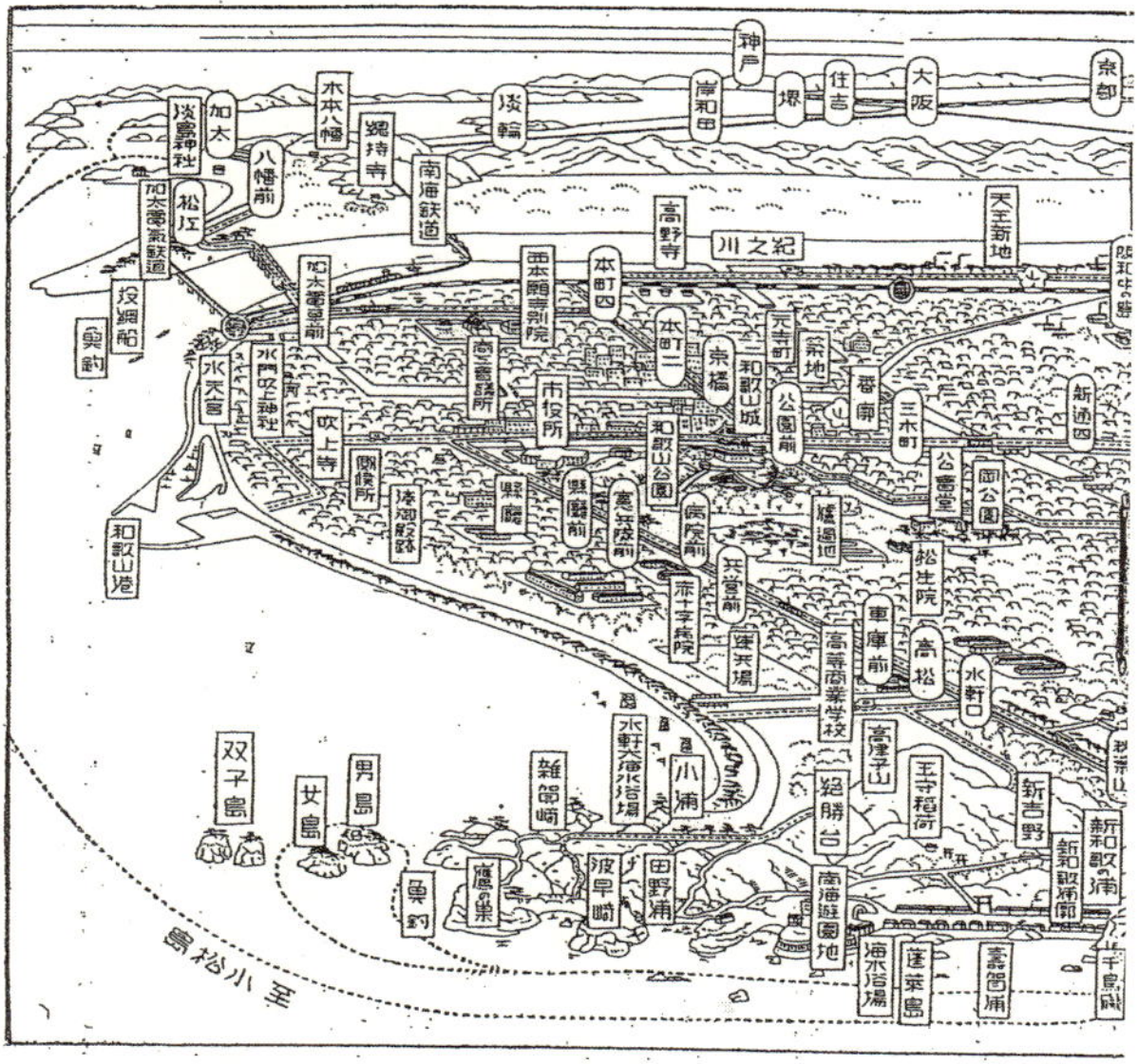

図6　「観光の和歌山案内図」（1939年）

総称である。そして、「東廓」、「番廓」、「新和歌浦廓」、「不老園廓」は、いずれも遊廓ではなく、検番の置かれた花街である。

和歌山県では明治三十九（一九〇六）年二月に貸座敷の営業を日高郡白崎村糸谷（由良港）、新宮の浮島、東牟婁郡大島村の三ヵ所に限定しており、制度のうえでは和歌山市とその近郊には遊廓が存在しなかった。遊廓が存在しないがゆえに、《天王新地》や《阪和新地》が「大衆歓楽境としての新興の紅灯地」として発生したのかもしれない（貴志二彦編『産業と観光の和歌山』）。

立地からみると、観光名所に位置する《新和歌浦廓》と《不老園廓》、そして近世都市の外縁にあたる（鉄道の開通とともに駅前となるのだが）《東廓》はともかく、和歌山城にほど近い《番廓》は異色といわざるをえない。なにゆえ、このような場所に花街が成立したのだろうか。

《番廓》の誕生

そもそも《番廓》の「番」とは、「番町（丁）」の「番」を指す。「番町」は和歌山城の三の丸、つまり「丸の内」にあって家老や重臣の屋敷地であった。この三の丸を新政府の巡察官が調査の必要のない城郭外の土地と認定したことを受けて、明治五（一八七二）年三月、和歌山県は屋敷地に町界を立て、東西南北に直交する新道を敷設し、各区画に大手筋、一番町（丁）、二番町から十三番町までの町名を付した（三尾功『近世都市和歌山の研究』）。

さらに、同年十月には門や土手を取り崩して家屋を建設したいとの出願が陸軍省に認められて、翌明治六年二月、三の丸周辺の門が取り払われ、土手地は希望者に払い下げられる。番町の払い下げから二十年後の明治二十六（一八九三）年、この年に編まれた『紀伊繁昌誌全』は、「番町組」として「番町又丸の内と称し一番町より十三番町あり明治初年迄は士邸相聯《つらな》りしが今や多くは頽廃せり」と、家老・重臣たちが住んだという武家地の変貌ぶりを記す一方で、別途「花街」という項目をたて、「十一番町旧水野家屋敷跡にあり芸妓三十余名青楼廿余戸軒《のき》を連ぬ就中《なかんずく》風月庵は構造幽雅にして紳士の宴遊するもの多し」と紹介した。《番廓》は、家臣の水野家の屋敷跡であったらしい。

三尾功によると、明治六（一八七三）年二月、「士族水野刑部、商湯川直道・青石太兵衛らが、京橋以東三町四方の地を遊園場とし、興行場・割烹店を設置することを願い出て許可され」た。このときに認められた「割烹店」が花街の端緒となったのだろう。大川墨城『紀伊名所案内』では「此の地は、明治六年五月内川堤を開きて妓楼を置きたり」と説明されているので、割烹店のみならず「妓楼」までもが開業したらしい。それら妓楼は、近世来の《東廓》の一部業者が移転してきたのだという。

維新後の動乱期、和歌山の旧城下では、丸の内の武家屋敷（水野邸）を再開発した跡地に花街が創出されたのだった。全盛期には席貸四十九軒を数えた徳川期以来の《東廓》と比較した「番廓情調」（席貸二十二軒）なる紹介が『産業と観光の和歌山』にある。

　番廓は市内電車、市内バスによつて京橋停留場で下車すれば直ぐである。旧藩の頃は此の京橋から其内濠（今は内川）以南は所謂丸ノ内として武家屋敷地であつた、京橋に黒色の厳しい大手門があつて、其内へは普通は這入れなかつた、槍さすまた、長棒で番人が多数居つた場内の一の関所であつたのである。其河筋は当時は竹藪であつたが、維新後、廃藩になつてから此辺一帯は次第に紅灯の巷となるべきいろんな情緒が生れてから、明治八九年頃から此区域に小さな料理店其他がぼつぼつと出来たのである。それは今日の番廓の生ひ立ちでその点に於て大阪南地の宗右衛門町の発展とよく似てゐる。

立地という点ではともかく形成過程においては宗右衛門町とも大きなちがいがあるのだが、三の丸の屋敷地の再開発が、このような「情緒」を醸す花街の端緒になったという事実は、城下町都市の史誌において特筆されてよい。

2　鳥取藩主の庭園《衆楽園》

昭和三十三（一九五八）年二月、売春防止法の罰則施行を二ヵ月後にひかえ、営業内容の転換に取り組みはじめた地区を、地元紙は連日のように報じた。紙上には、「消えゆく衆楽園――八五年の不夜城に終止符」、「衆楽園八十五年の歴史――消えゆく鳥取市の赤線地帯」、あるいは「売春防止法の実施で八十五年間の歴史を閉じた市内赤線地帯衆楽園〔は〕……町名も錦町通りとして新しく生まれ変わった」（施行後の記事）という見出しや文章がならぶ。《衆楽園》とは、ＪＲ鳥取駅からもほど近い地区にほかならない。

《衆楽園》が赤線であったということは、八十五年前、つまり明治初年に遊廓として成立し、戦後も営業を継続していたものと考えられる。駅から近距離という立地は気にかかるものの、《衆楽園》の来歴を追跡した一連の記事からうかびあがるのは、じつに興味ぶかい場所の系譜である。

駅前の遊廓

……〔略〕……「日夜絃歌しきりに、或ひは喋々喃々《なんなん》たる淫らなる男女の私語は汽車通学の学生に及ぼす影響や甚大なるものあり、よつて速《すみや》かに……」と一県議をして毎年県会の壇上で叫ばせるところの黒塀内の遊廓は成程市の玄関口の位置にあり、仮令《たとい》所謂喋々喃々たる痴話は洩れなくとも文化の高きを誇る鳥取市にとつて場所が悪い、湯所の寂れた方面なんかに移転することは、その土地の繁栄上にもよく一挙両得の策であれば早晩移転の必要あらう。（因伯史話会編『因伯人情と風俗』）

大正十五（一九二六）年出版の郷土誌に指摘されるとおり、駅前の遊廓が問題視されていた。遊廓の多くが既成市街地の外縁に位置しているところに、鉄道の敷設にともない停車場も同じく旧市街地のはずれに設置されたことから、はからずも両者が近接してしまうこともあった。たとえば、大阪の南海本線堺駅のすぐ南側には龍神遊廓があり、明治期には移転問題がおこっているし、神戸駅や鹿児島駅は、明治初年に設置された遊廓の所在地へ建設されることになったため、遊廓は早々に移転している。「黒塀内」にあるというこの鳥取の遊廓もまた、駅近接の典型といってよい。

「尚武勤倹を藩是として、芝居もめったに許さなかった」というほどに「風紀の取締りは厳重」であった城下町時代に遊廓などあろうはずもなく（『鳥取市七十年』）、この駅前遊廓も神戸や鹿児島と同じく明治初年に成立したものと思われる。昭和十一（一九三六）年に編纂された田山停雲『鳥取県の歓楽境』を開くと、鳥取・米子・倉吉の「花街」が紹介されており、鳥取については二つの「花柳街」、すなわち料亭の櫛比《しっぴ》する一流の花街となった本町と、貸座敷の営業地であった「新地」とが併記されている。旧袋川を挟んで本町の花街と「百花妍を競ふ」と謳われた「新地」こそ、駅前に位置する「黒塀内の遊廓」にほかならない。

庭園の再開発

この遊廓は一般に《衆楽園》と呼ばれていた。明治初年にさかのぼる《衆楽園》の形成過程は、じつに興味ぶかい。市制七十年を記念して編纂された『鳥取市七十年』は、維新後におこった都市空間の再編が、この《衆楽園》にはじまったことを、そのままずばり「廃藩後の市中の変貌はまづ《ママ》『衆楽園』におこったとみてよい」、と指摘する。

《衆楽園》は藩主池田家の下屋敷で、敷地内には岡山城下にある「後楽園」にちなんだ庭園があった。「廃藩後の市中の変貌」が旧下屋敷たる《衆楽園》からおこったのは、時代の変わり目に偶然にも生じたこの空閑地を、抜け目なく用途転換しようとした者があらわれたからであった。明治四（一八七一）年、市内で桶工をしていた人物が、幕末・維新の混乱を経るなかで放置され荒廃していた《衆楽園》の跡地払い下げを県庁に出願し、翌年の正月には大衆的な娯楽場として市民に開放したのだった。

当然のことながら、それまでは藩主の下屋敷ということで足をふみ入れたことなどなかった市民は、庭園の開放という維新を象徴するかのような出来事と物珍しさにつられ、こぞって《衆楽園》を訪れたという。その人出とともに、園内には仮設の茶屋、見世物小屋、劇場、楊弓場がぞくぞくと設営された。にぎわいがにぎわいを呼び、いつしか《衆楽園》には見世物小屋などにまじって「黒い板塀」で囲われた家屋が建ち並ぶ。それは、芸妓を抱える置屋である。一説では、「そのころ園内には約二百軒の芸妓置屋業などが肩を並べて客を引き大きな家では娼妓が百名、小さな家でも三十名は抱えていた」（『日本海新聞』昭和三十三年二月十日）。芸妓と娼妓が混同されているのはとりあえず措くとしても、二百軒の業者、あるいは一軒で抱える娼妓が百名というのはいささか誇張にすぎるだろうか。下屋敷の庭園がまたたく間に盛り場に、さらには遊廓色の強い遊興空間に変貌したことだけはたしかなようだ。

この時期、すでにふれた旧袋川を挟んで「百花妍を競ふ」と称された本町の花街も成立していた。明治初年に一人の相撲取が出雲から芸妓をつれてきて開業した置屋がその端緒であるといい、明治期を通じて芸妓置屋や料理屋が集積し、「華やかな芸妓街」をかたちづくるにいたった。《衆楽園》に対しては、「町芸妓」の花街と位置づけられよう。

ちなみに、鳥取では、「芸妓置屋」を「検番（券番）」と呼び、置屋を取りまとめ料理屋と仲介する通常の「検番」を「芸妓検番事務所」と呼んでいた。大正期の「検番」すなわち置屋は、「花検、西検、叶家、丹吉、大正券、松検、福久栄、如月、南検」があり、本町三、四丁目に点在している。当時の「検番事務所」は三丁目にあった。

二枚鑑札と遊廓

本町に花街が成立すると、もう一方の《衆楽園》の取り扱いがおのずと問題になる。鳥取県の島根県合併後、島根県令により発布された明治十年の「芸娼妓取締規則」において、《衆楽園》は正式に遊廓として指定された（『鳥取県史 近代 第四巻』）。さらに、明治十一年頃には「二枚鑑札と称せられた芸娼妓が許可」されている。「二枚鑑札」とは芸妓が娼妓をも兼ねることを意味した。

明治三十三（一九〇〇）年に施行された「娼妓取締規則」にもとづく転廃業によって、草創期からの業者は数を減じたというが、大正期には妓楼と芸妓置屋とが貸座敷組合と新地検番事務所を組織し（本城常雄編『大正の鳥取市案内』）、駅近傍の遊興空間をなしていた。おそらく、「娼妓取締規則」によって「二枚鑑札」は廃され、明治後期以降に廓内における芸娼の分離が進んだものと思われる。

この新地検番事務所であるが、昭和四（一九二九）年七月から、本町の検番事務所とは取り引きのない、つまり本町の芸妓が出入りしない市内の料理屋約六十軒をもって組織された「二部料理屋組合」に対して芸妓の送り込みを開始した。廓内の芸妓が一般の料理屋に出入りするというのは他都市ではあまりみられない制度であるが、これもまた最初は芸妓置屋中心、そして「二枚鑑札」になったという《衆楽園》の歴史的な経緯とも関連しているのかもしれない。

徳川時代の藩主の下屋敷から、一時期の盛り場、そして曖昧な花街を経て、最終的には遊廓へと変貌した《衆楽園》。明治四十一（一九〇八）年に鳥取駅が開設された結果、はからずも《衆楽園》は駅前遊廓となった。駅前となる以前（明治の中頃）から移転の必要性は繰り返し議論され、また前々項冒頭の引用文に「一県議をして毎年県会の壇上で叫ばせる」とあるように、「十二（一九二三）年には、かねて廃娼居士のあだ名のあった森十治議員の提案で、県会は知事に鳥取・境両遊郭《ママ》の移転を建議したが、これはついに実現を見ずに終わった」のである（『鳥取県史　近代　第四巻』）。

戦前からの議論むなしく、戦後《衆楽園》は赤線へと移行、そして昭和三十三（一九五八）年、売春防止法の施行によって、その歴史に終止符が打たれた。

3　富山藩主の別邸《千歳御殿》

殿様御殿の明治維新

明治四（一八七一）年七月の廃藩置県によって誕生した富山県は、同年十一月の新川県の設置にともないわずか四ヵ月あまりで消滅、その新川県は明治九年四月に石川県に合併され、富山県として再び自治が開始されるのは明治十六（一八八三）年五月まで待たなければならない。その間、維新後に新設されていた旧富山城近傍の藩庁が明治四年の置県にともない県庁へと移行、同年の新川県の誕生に際して新県庁が魚津に置かれるや、富山に新設されたばかりの県庁は支庁となり、さらに明治六年七月には旧富山城内に新川県庁が移転してくるなど、藩政時代には物理的にも権威的にも都市の象徴であった富山城とその周辺は、行政上の変動にあわせてめまぐるしく揺れ動いた。

なかでも興味をひかれるのは、富山城の東側に隣接した「千歳御殿」と称する旧藩主下屋敷の跡地である。

新ニ殿宇ヲ東出丸ニ築造シテ千ヽヽ歳御ヽヽ殿ト号シ、利保移住ス、当時木町西側ノ民家ニ立退ヲ命ジ、鼬川《いたち》ノ東ニ移ス、之ヲ若木町ト称ス、又寿緑天満宮ヲ三ノ丸東桝形ノ北千歳殿ノ南ニ創立シ、繞《めぐら》スニ梅樹百種ヲ以テス、明治ノ初年マデ尚四十余種ヲ存シタリ（『富山市史』）

東側の出丸にあった「千歳御殿」は、越中富山藩の十代目藩主前田利保の別邸（隠居場所）として嘉永二（一八四九）年五月に建造された。領内にある四ヵ所の御用山から木材を切り出したうえに京阪地方にも良材をもとめ、著名な大工や彫刻師をあつめて建設にあたらせ、邸内には螺旋状の山を築くなど、豪奢なつくりであったという（塚田仁三郎編『北陸の産業と温泉』）。

そのさまは、なかば伝説的に語り継がれる。

堀に続いて東部一帯なる桜木町は、今の百円以上を投じて旧藩公が築きたる千歳御殿の在りし所、結構壮麗、軒高く神江〔神通川〕に莅《のぞ》みては、水底の影に龍の宮居も斯くやと思はれけん、巍々《ぎぎ》たる堂々たる、囷々《きんきん》焉たる盤々焉たる、日本的大建築なりしを、惜しむべし火焔高く烏有に帰しぬ。其庭園も亦数寄を凝して、京都の金閣寺銀閣寺等に劣らざりしもの有りきを伝ふ、当時園中の蠑螺《さざえ》山、今尚ほ形を残して二丁目に在り。（竹内水彩『富山風景論』）

この御殿は、安政二（一八五五）年二月に発生した大火によって焼失したが、すぐさま焼け跡に再建され、明治維新をむかえる。

遊廓の再編とその受け皿

維新後の混乱のさなか、近世的な都市空間がほころびをみせる。鳥取城下の《衆楽園》と同じく主を失ったこの下屋敷も、おもいもよらぬ空間用途の受け皿となる。

幕末以来、「紅烟翠柳の巷」、すなわち遊廓は市街地周縁の各町（稲荷町、北新町、辰巳町など）に「散在」していたことから「取締上不便」となり、明治四（一八七一）年、「芸娼妓貸座敷ヲ一廓ニ聚合」させようとする議論がおこる。各町の貸座敷に対して出された明治五年十二月を期限とする移転命令では、驚くべきことに、「千歳御殿」の跡地が移転先として指定された。都市周縁に散在していた貸座敷を整理統合するべく、旧藩主の下屋敷をあてがった結果、旧城郭のあしもとに新遊廓が登場したのである。

御殿の庭園、あるいは「百種の梅樹」が植えられていたという寿緑天満宮の社地に、桜も植樹されていたのだろうか。遊廓として再開発されると同時に《桜木町》と命名され、以後、遊廓の代名詞となる。

《桜木町》は「店頭漸くに増加し高閣楼台年々に築営せられ頗る繁盛を極」めたものの（浅

地倫編『富山案内記』)、市街地の大火をきっかけとして、この街は大きな転機をむかえる。明治三十二(一八九九)年八月十二日未明、一軒の石油商から出た火はおりからの烈風にあおられてまたたく間にひろがり、市街地とその周辺で約五千戸が焼失する大火となった。《桜木町》とて例外でなく、百を超える貸座敷が灰燼に帰す。

この火災に対する市議会の対応はすばやかった。救恤金《きゅうじゅつきん》が下賜された同月十五日、市議会ならびに市参事会は九項目にわたる決議をする。その主眼は、「市区改正ヲ為ス事」、つまり街路の整備を中心にすえた都市計画を立案し復興事業にあたることにあったのだが、付帯事項として「遊廓桜木町ヲ市外へ移転セシムル事」をも決定したのだ。「市区改正」を断行せよという決議は、時宜にかなった当然の判断であろう。その大事業と併記されるのであるから、市議会と市参事会は《桜木町》の移転を相当に重要視していたものとみてよい。決議の迅速さからすれば、移転問題は長年の懸案だったのかもしれない。

結果的に、「市の中央に貸座敷を置くは風俗取締に害ありとの議」は受け入れられ(『富山案内記』)、《桜木町》の貸座敷免許地指定は取り消された。同年中には代替地として神通川対岸の《愛宕》が指定され、明治三十三(一九〇〇)年出版の『富山案内記』には、はやくも移転先の「愛宕免許地」に成立した遊廓が紹介されている。

婦負《ねい》郡愛宕村〔現・富山市〕にあり神通川を隔て桜木町と相対す昨三十二年桜木町の代

地として指定せられたる免許地なり地稍々《やや》偏在すと雖《いえど》も境域広潤にして風光頗る絶佳楼に登り杯を引き妓を呼んて低唱するあらんか万斛《ばんこく》俗中脱塵の想あり他日縉紳《しんしん》富豪の驕奢を戦はし粋客通さの豪遊を争ふは蓋し此地なるへし

図7を参照すると、旧遊廓《桜木町》のちょうど対岸に《愛宕新地》が位置している。また市街地の東には、「東新地」という名の街区もみられる。この一連の出来事にさきがけて、明治二十八（一八九五）年四月におこった北新町の火災をきっかけとして、「是レマデ北新町ニアリシ遊廓ヲ清水町字水引割竹花割へ移転スベキ」ことが決定されていた（『富山市史』）。明治初年に整理されるはずだった貸座敷が北新町に残り、一廓をなしていたらしい。これによって、市街地東部の縁辺に新遊廓《東新地》が建設されたのである。

《愛宕新地》に目をもどすと、神通川の中島のようなこの土地には、北陸本線の「富山駅」も立地していた。いまだ市街地の形成は途上にあるとはいえ、《愛宕新地》が駅前の遊廓であることに変わりはない。早晩、駅前も発展し、遊廓が問題視されることは自明であった。結論からいえば、《桜木町》の分身たる《愛宕新地》は再び移転を命ぜられ、《東新地》に吸収合併されるのである。

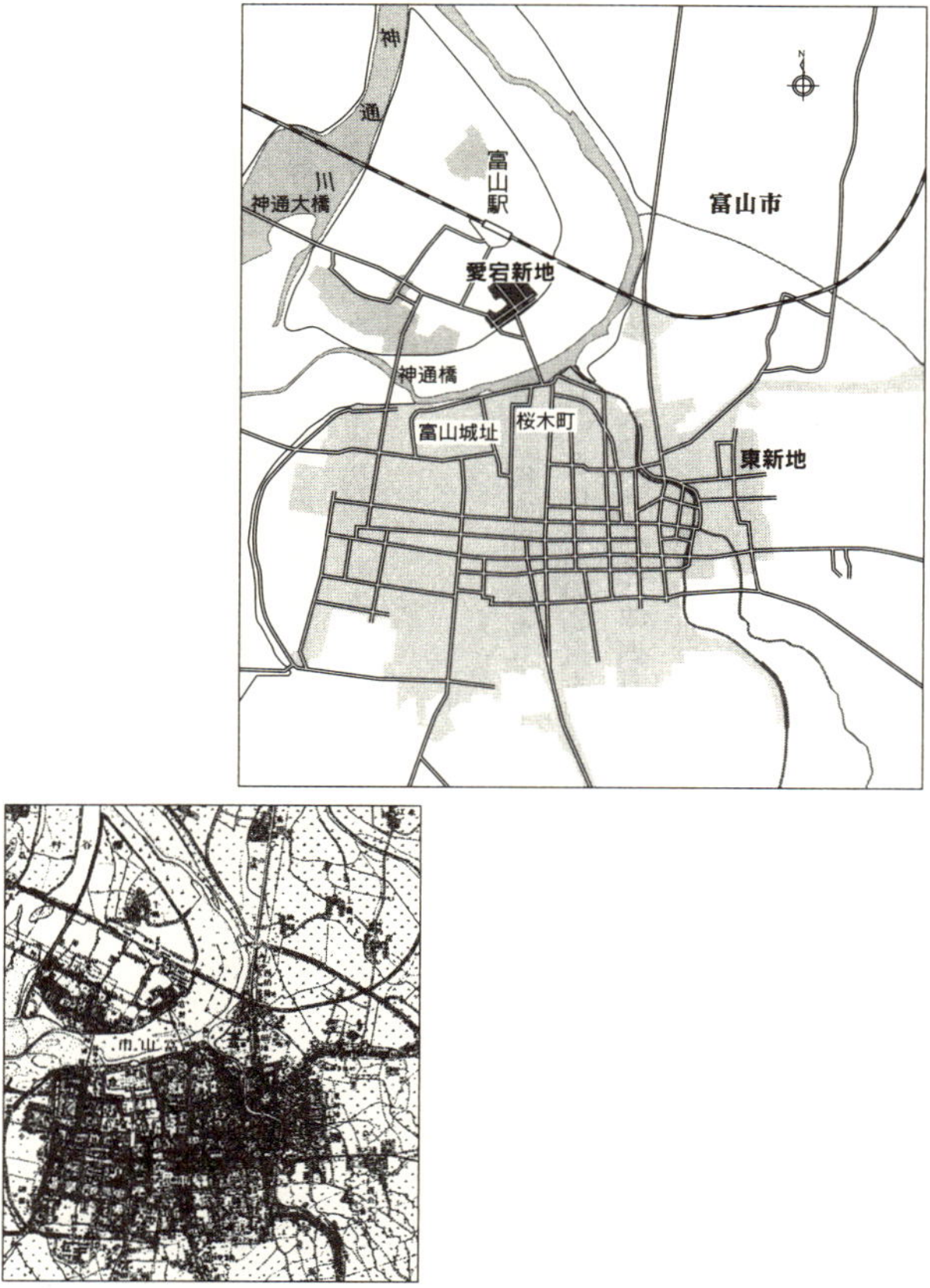

図7　富山の市街地と《桜木町》・《愛宕新地》・《東新地》（1911 年）

《桜木町》の再興

大正初年に発行された『富山案内』は、「千歳御殿」の場所の履歴を次のように記す。

「千歳御庭跡」――今の桜木町之なり。旧藩主の先代龍澤院利保の別荘にして嘉永二年五月の建築にかゝり結構壮麗を極めしが安政二年の大火に焼失し其後再び築造せられしが廃藩となり共に毀《こぼ》たれ其後青楼軒を並べ所謂不夜城の花街となりしが、明治三十一《ママ》年の大火に灰燼に帰してより寂寥《せきりょう》静閑なる巷となり今は僅《わずか》に富山ホテルの外数軒の料理店を存するに至れり……。

藩主の別荘から「不夜城の花街」となった《桜木町》は、明治三十二年の大火によって焼失し、貸座敷の再建を禁じられた結果、「寂寥静閑」の巷へと変じていた。ところが、それからわずか一年後には、「今や続々料理店の設立ありて往時の観を復せんと」するほどのにぎわいをみせはじめる（『富山案内記』）。おそらく、市全体の復興と連動していたのだろう。貸座敷の移転後もとどまって営業をつづけた料理屋に、新しく参入した店もくわわり、高級な料理屋街として再興したのである。花街となるのは時間の問題であった。この段階では、芸妓置屋の設置は認められていないものの、いつとはなく料理店が独自に芸妓を置くようになり、旧遊廓たる《桜木町》は、《東新地》の「廓芸妓」に対する「町芸妓」の本場、つまり花街にうまれかわった（吉田清平編『富山市商工案内』）。《桜木町》のこうした既成事実を追認するかのように、大正十四（一九二五）年三月、芸妓置屋の営業が許可された。下屋敷から遊廓へと転じた《桜木町》は、遊廓が移転してから二十年以上の歳月をへて、戦後までつづく町芸妓の花街となったのである。

市街地化のフロンティアへ

以上、三つの地方城下町都市を事例として、幕藩体制の崩壊にともなって生じた空閑地をめぐる再開発の過程を観察した。権威を象徴する殿様御殿の跡地利用として選ばれたのが、遊蕩の象徴ともいうべき花街であったとは、なんとも皮肉な結末である。とはいえ、そうした発想はやはり維新後の数年間に特有のものであったといわざるをえない。明治中期以降になると、近郊への転出はあるものの、その逆はないからである。とりあげた事例は、近代的な都市をつくりあげるにあたり、諸施設の適正な配置を模索する以前の段階で生じた都市史上のハプニングのようなものであるが、いったん土地の用途が確定してしまうと、長期にわたってそれが固定してしまうところに都市建設の難しさが、否、おもしろさがある。

ここからは、都市発展期に登場する花街に着目してみたい。拡大する市街地の最前線、あるいはその一歩先に新しく開発された土地に形成される花街である。花街の成立は、旧城下町都市の既成市街地の空隙から、市街地化のフロンティアへと、その舞台を移す。

4 「にごりえ」のあとさき

明治期の小説家・樋口一葉は、二十四年というあまりに短い生涯のなかで文学史にその名を残す作品をいくつも書き上げた。代表作とされる数篇のなかでも、とくにひろく知られているのは『たけくらべ』と『にごりえ』であろうか。『たけくらべ』の舞台は遊廓《新吉原》の界隈であり、「『にごりえ』に描かれた土地…〔略〕…は本郷の丸山福山町附近」(馬場孤蝶「『にごり江』になる迄」)、すなわちのちの花街《白山》(指ヶ谷《さすがや》)に隣接した場所である。これら二つの作品の舞台は、いずれも一葉自身が短期間ながら暮らしたことのある土地であり、前者は小商をはじめるにあたって明治二十六(一八九三)年七月に母と妹とともに移り住んだ場所、後者はその商売をあきらめて翌明治二十七年五月に転出した先であった。

「(新)吉原」という名を目にすれば、遊廓という場所イメージが喚起されるものと思われるが、『にごりえ』の「丸山福山町」はどうであろうか。作中で「新開」と呼ばれるこの土地から、特定のイメージが浮かんでくることはほとんどあるまい。しかしながら、この街の来し方は、花街の誕生を考えるうえでとても興味ぶかい物語を提供してくれる。

まず、一葉が居を構えた当時の様子を、生前親交の深かった翻訳家・随筆家の馬場孤蝶の回顧（大正七年）から引用しておこう。

「にごりえ」にはその辺りを新開と呼んで居る。
彼《あ》の辺りからして、白山下へかけては僕等の十四五の時分〔明治十年代なかば〕までは水田であつた。彼の辺りが埋立てられて町をなし始めたのは明治廿〔一八八七〕年頃からでは無かつたらうかと思ふ。
それは兎に角、一葉女史が大音寺前から丸山福山町へ移った明治廿七年では、未だ新開の心持が土地に十分残つて居たのである。（「『にごり江』になる迄」）

馬場は、この土地が埋め立てられて「新開の町」になったのは、一葉が「住ま居を定めた当時を去ることさう古いことではなか〔つ〕た」ともいい（「『にごりえ』の作者」）、さらにそのような土地にまつわるきわめて重要な指摘をなす。すなわち、「で、その時分は、此の福山町及びその附近に限らず、何処でも新開となりさへすれば大抵必ず出来る一種の商売屋があつた」、と（『にごり江』になる迄）。

『にごりえ』の作中で、その商売屋は次のように描かれた。

店は二間間口の二階作り、軒には御神灯さげて盛り塩景気よく、空壜か何か知らず、銘酒あまた棚の上にならべて帳場めきたる処も見ゆ、勝手元には七輪を煽ぐ音折々に騒がしく、女主が手づから寄せ鍋茶碗むし位はなるも道理、表にかゝげし看板を見れば仔細らしく御料理とぞしたゝめける、さりとて仕出し頼みに行たらば何とかいふらん、俄に今日品切れもをかしかるべく、女ならぬお客様は手前店へお出かけを願ひまするとも言ふにかたからん、世は御方便や商売がらを心得て口取り焼肴とあつらへに来る田舎ものもあらざりき…〔略〕…。

「御料理」という看板を掲げながら、料理を出さない料理屋。それは、表向きには飲食店を装いつつ、私娼を置いて売春をさせていた、いわゆる「銘酒屋」なのであった。

馬場孤蝶は、この「銘酒屋」に特異な役割をみいだす。それは「何日《いつ》も新開地を繁昌させるパイオニアー」である、と。

…〔略〕…田を埋《うず》め、畑を潰して、家が建つ、すると、其所《そこ》へ上記のやうな商売屋〔銘酒屋〕が出来る、人が寄つて来る、周囲《まわり》に並の町家が出来て来る、町の形がだん〳〵整つて来る、何時の間にか、ヘンな商売屋の数が減る、やがて、全く並の町になつて了うといふ順序であつたのだ。

さながら、或時期を限つて、それ等の商売屋は黙許されて、やがて、土地を開くといふその任務を終つて了うと、又さういふ家のある必要の生じた他の場所へ移つて行くとでもいふやうな観があつた。（『にごり江』になる迄」）

新開の土地に発生した銘酒屋はその町の発展をたすけ、「並」の街区ができあがるとその姿を消す。馬場が『にごりえ』をモデルにして思い描いたのは、このような新開地の成り立ちである。大都市における市街地化の最前線に立地するという点にかぎっていえば、まさにパイオニアと呼ぶにふさわしい。

しかしながら、馬場の観察とは裏腹に、市街地化の最前線に新しく開かれた〈まち〉でパイオニアとしての役割を終えてなおそこにとどまり、定着するどころか、大きく発展する産業もあった。また、「いつのまにか」できたり、なくなったりするのではなく、はなっからパイオニアとしての役割を全面的に託されて、計画的に配置されることさえあった。花街である。

5　鹿児島の墓地再開発

都市発展の阻害要因

武家屋敷や藩主の下屋敷跡地が花街として再開発されたように、旧城下町においては意外性に富む土地利用の転換がなされた。それは、墓地にもあてはまる。

通常、近世都市の墓地は市街地のはずれに設けられたが、明治維新後、人口の増大と市街地の拡大にともない、墓地が市街地に取り込まれるのは必定であった。さらに、衛生観念の変化とあいまって、明治初期から墓地の移転が議論・実施された都市もある。たとえば大阪の場合、「七大墓」と称される近世来の墓地が市街地の縁辺に立地していたが、明治初年には南北近郊の二ヵ所（阿倍野・長柄《ながら》）に整理統合された。現在の大阪駅付近に梅田墓地があったこと、またミナミの中心にある盛り場「千日前」も墓地の跡地であることは、よく知られている。

南国の旧城下町鹿児島もまた、墓地の移転問題に取り組んだ都市のひとつであった。**図8**をみると、旧市街地南西のはずれに広大な墓地、通称「南林寺墓地」のあることがわかる。鹿児島における墓地の移転事業の完遂を評した次のコメントは、近代都市の墓地をめぐる問題を端的に示している。

…〔略〕…墓地移転問題は文化の進歩と共に日本の各都市に在りて既に幾多の紛糾を来たすなど容易ならざる事態を生じた実例もあつたが独り我が鹿児島市の墓地移転問題は着々として無事に進捗したので全国の各都市が事実一驚を喫する位である…〔略〕…

（『鹿児島朝日新聞』大正十四年十二月十八日）

明治期を通じて市街地の拡大をみた鹿児島において、南林寺墓地の移転が都市計画の課題として俎上するのは時間の問題であった。次のような記述もある。

明治四十五年ごろ、いまの南林寺町は墓地であった。当時有川貞寿市長は、市勢がだんだん上町から天文館付近に移りはじめたので、同墓地が市の中心にあることは市の発展

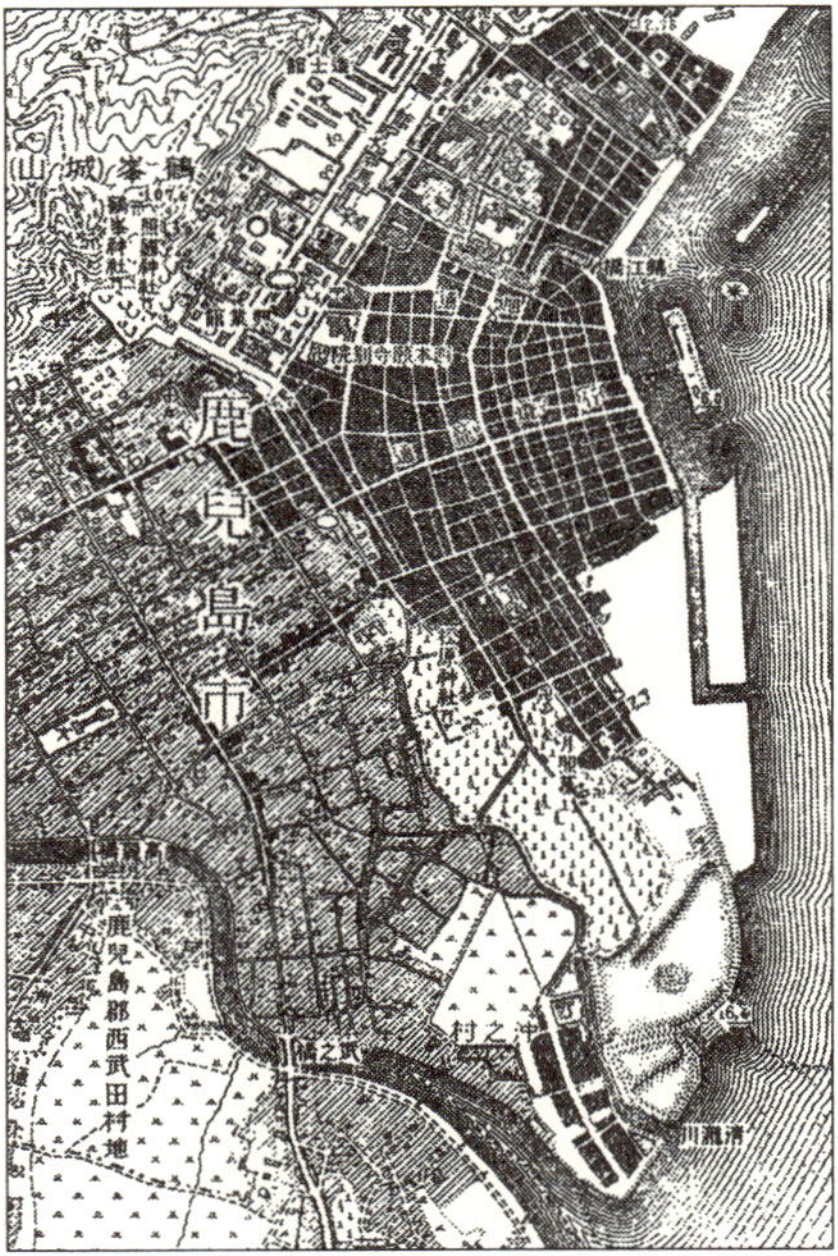

図8　鹿児島の市街地と南林寺墓地（1902年）

をひどく阻害するというわけで、勇断をもって墓地の移転を決めた。（木脇栄『かごしま市史こばなし』）

時代が大正に変わるのにあわせて、鹿児島市は南林寺墓地の移転に着手するものの、江戸時代以来、約三百年の歴史を誇る墓地だけに、事業は難航をきわめた。

ところで、この南林寺墓地をいじった市長は任期を無事つとめることなく短命だったという、うわさまでとんだ位当時としては難事業だったらしい。すなわち墓地移転を計画した有川市長が、任期中病気のため急死、つぎの児玉市長は一日在任で病死、伊集院市長は病気がちで、任期終らず病死、上野市長は列車事故死といったように、みんなこれにむすびつけて、いろんなうわさが生まれたが、ただ一人山本市長だけは健在だった。（同前）

広大なことも原因したのだろう。結果として、「五代の市長、十五年間にわたる事業となってしまった」のである（同前）。噂話は措くとして、移転先の開発、墓碑の移転、さらには移転後の跡地利用までをもふくめて考えるならば、この歳月はむしろ当然というべきだろうか。墓地の移転事業そのものは大正十一（一九二二）年三月末日をもって完了するが、再開発計画の立案は七ヵ月後で、事業に着手するまでにはさらに一年以上の歳月を要した。

墓地跡の再開発

大正十二年以降は市街地に近接する側から跡地の区画整理が急ピッチですすめられ、同年七月には借地の申し込みも行なわれている。墓地の跡であることにくわえて歴代の市長の不幸を考えると、分譲しても売れ残るのではないかという当局の懸念をよそに、売れ残るどころかどの区画にも希望者が殺到し、抽選せざるをえないほどの人気であった。大正十三年、助役（のちに市長）に就任した勝目清は、「にぎわった南林寺町――墓地跡は商売繁盛する」と題して次のように回想する。

今の南林寺町の大部分は、南林寺墓地跡である。市勢の発展をめざして整理が始まり、大正四、五年頃から、今の草牟田墓地その他へ移転することになった。私が就任したころはすでにこの移転工事はすんで、整理工事の時代になっていて、しかも道路のできたところは順次貸付けることになっていた。五月九日参事会を開いて、実地調査の上貸地料や一部分の借地人を決定した。墓地跡だから希望者が少いだろうと予想していたら、とんでもない番狂わせで、あまり希望者が多いため選定に困り、抽選にしたほどであった。ある場所など四十数人の申し込みがあって、なかなか盛んなものであった。（『鹿児

島市秘話　勝目清回顧録』）

区画整理した借地には着々と家屋の建設もすすみ、『鹿児島新聞』は大正十三（一九二四）年一月一日の新年の展望にあたり、再開発地区の発展ぶりを「南の新市街」と題して大々的に報じた。同年の五月には町名が「南林寺町」と決定し、墓地内の由緒ある墓碑の整備、電話局などの公共施設や市営住宅、さらには劇場をふくむ主要な土地利用の調整も行なわれている。これによって、部分的には現在にまでつらなる土地の用途が確立されるのであるが、その過程で「新市街」たる南林寺町の土地繁栄策として、とある計画がもちあがった。

その端緒が「南林寺町に料理屋　市へ借地出願」として報じられている（『鹿児島新聞』大正十四年六月十日）。見出しからも明らかなように、南林寺町の一角に料理屋街を建設するというのだが、この構想には券番の設置もふくまれていた。墓地の跡地に花街をつくろうというのである。

花柳界再編の余波

鹿児島には、明治四十二（一九〇九）年に券番制度を採用した二つの花街が存在した。松原町に集積した料理屋からなる通称「大門口」の「南券」（大正期に約三十軒）と、繁華街である天文館付近の料理屋を中心とする「西券」である（同四十軒）。鹿児島花街の特色は、置屋ではなく、料理屋側が主導して券番を組織したところにある。つまり、この二つの地区の料理屋が集合して各々券番を立て、独自に芸妓を差配していた。

ところが、二手に分立していた料理屋は、大正十（一九二一）年五月に双方の券番をひとつに統合して「西南券」をたちあげるとともに、料理屋自らは「西南料理業組合」を組織し、もともと属していた「鹿児島料理業組合」を脱退する。この新券番・新料理業組合の設立には、西・南双方の有力な料理屋に共通する、ある思惑が隠されていた。

新たに「西南券」を組織した料理屋は、いずれも仲居を置くと同時に芸妓の出先ともなる格式の高い店ばかりであった。それに対し、取り残されるかたちとなった鹿児島料理業組合側には芸妓の出入りがないばかりか、あるいはそうであるがゆえに、仲居を置かずに酌婦を雇う曖昧な業態をとり、前者からは格下扱いされていたのである。「西南券」側は、新団体を設立することで、営業上問題の多いその他の業者を切って捨てたといってよい。

「西南券」の料理屋が脱退してからというもの、鹿児島料理業組合に対する「風紀」上の取り締まりはいっそう厳しくなり、世間の風あたりも日ましにつよくなっていった。当の業者たちのあいだでも、「世間態の悪い商売を何時までも続けることの不利」が実感されるようになる。そこで鹿児島料理業組合の一部業者が寄り集まって出した結論、それが「従来の営業方針を一変して西南券の料亭と全然同一営業に改め」るという制度上の改革をともなう、新しい花街の建設であった。

墓地はにぎわいを呼ぶ

鹿児島料理業組合の業者たちは、雇用している酌婦をことごとく解雇したうえで、「市内各所に散在する同業者を南林寺町の一角に纏め一廓を為す花街」を建設する方針を立てる。この計画が同業者から百名をこえる賛同をえて、組合代表者は内々に市当局に南林寺町の借地と花街の建設を打診した。すると、「市としては南方の発展策の上から大いに歓迎するとの意向」が示されたという。実際、鹿児島警察署長は「自分としては現在各所に散在する飲食店が跡を絶つて南林寺町に一廓を形作ることは風紀衛生其他の取締り上から云ても又市の発展上から見ても非常に好いことゝ思つてゐる」との談話を発表した（『鹿児島新聞』大正十四年五月二十日）。

もとの仲間である「西南券」は新花街の建設を了承した一方、近傍の遊廓《沖の村》の貸座敷業者からは猛烈な反発をうけたが、むしろ問題となったのは再開発事業そのものがすでに進捗していたため、花街建設にあてがう土地がほとんど残されていなかったことである。とうてい百軒をこえる料理屋の敷地を用意することなどかなわず、規模を二十軒程度に縮小することで、業者側と市との交渉は結着した。

大正十四（一九二五）年末には「開ける新市街　中検《ママ》料理屋も一廓を形作る」と報じられたごとく、墓地を再開発した一角に料理屋街を建設し、〈中券〉と称する券番が組織されたことで、新しい花街が誕生する。

再び、勝目清の回想に耳をかたむけておこう。

あとで聞いた話だが、「墓地跡は賑かなもので、商売が繁盛する」と一般に当時いわれていたそうだ。そのいい伝えはそのまま的中し、やがて南座という劇場ができる、中券と称する料理〔屋〕街ができる、芸者も百数十人いるようになり、かつ《ママ》ての墓地とうって変って賑かな町になった。

まさに墓地はにぎわいを呼んだのだった。

6　神戸近郊の《西新開地》

十五年戦争期に重なる自らの少年時代の経験を平易な文体で書きつづった、舞台美術家の妹尾河童の自伝的小説『少年H』に、次のような地理的描写がある。

Hの家から一キロメートルほど離れたところに、〝大正筋〟という繁華街と、その道に直角に交わる〝六間道〟という賑やかな商店街があった。六間道というのは道幅が六間もあるという意味である。

Hは大正筋や六間道が大好きだった。道の両側に『松竹館』『娯楽館』『三国館』などという映画館が点在し、本庄町周辺の商店街とは比較にならぬほど華やいでいた。（妹尾河童『少年H』）

少年Hが「大好きだった」という「繁華街」としての大正筋、そして「賑やかな商店街」としての「六間道」は、現在の神戸市長田区南部に位置している。少年Hの口から直接語られることはないけれども、直角に交わる大正筋と六間道の界隈は、大正十（一九二一）年を前後する時期から、少なくとも昭和三十年代までは《西新開地》と呼ばれて親しまれた、神戸を代表する盛り場のひとつであった。

《西新開地》という呼称

この地区は当初「西神戸」ないし「西兵庫」などと呼ばれていたが、結果として定着した呼称は《西新開地》である。《西新開地》は町名ではなく、その他の正式な地名でもない。この呼び方には二つの意味、つまりひろく一般的な意味と、神戸固有の地域的な意味とがふくまれているように思われる。

まず一般的に「新開地」とは、文字通り、「新たに開発された土地」あるいは「新しく開けた市街地」を指す。実際、この《西新開地》もまた、既成市街地の外郊にあって新たに開発され、形成された街区であった。

そしてもうひとつは、神戸固有の意味である。神戸には、東京の浅草、名古屋の大須、京都の新京極、そして大阪の千日前などと並び称される盛り場《湊川新開地》が存在する。市街地に近接してたびたび氾濫していた湊川の河道を明治後期に付け替え、その跡地を再開発した土地区画に形成されたのが盛り場《湊川新開地》であった。劇場・映画館街として発展し、近傍の福原遊廓に生まれ育った映画評論家の淀川長治が足しげく通ったことでも知られている。もちろん、少年Hもこの街に足をはこんでいた。

当時の《湊川新開地》の人気ぶりを考えると、市民の間では「新開地」が盛り場の代名詞となっていたものと思われる。すると、六間道・大正筋の界隈が《西新開地》と呼ばれていたことには、たんに「新開の地」だからという以上に、少年Hが「繁華街」として認識していたごとく、「盛り場」として発展した地区の形成過程とその特色とが反映されていたにちがいない。

新市街の発見と驚き

昭和五（一九三〇）年生まれの少年Hにとって、現長田区南部の地域はなんの疑いもなくそこに存在する自明の風景であったにちがいない。しかしながら、Hが誕生するちょうど十年前、神戸市民はある種の驚きをもって、この地域の動向を注視していた。新聞各社がいちはやく注目し、いくどとなく特集を組むことで、市民の関心をおおいに惹起していたのである。たとえば『神戸又新日報』紙は、「所謂西新開地」・「一躍熱鬧場《さかりば》に化した蛙《かわず》鳴いた尻池の水田」・「新繁昌記」と見出しに掲げた記事を、この地区が田畑のひろがる近郊の農村地帯としか思っていない記者の探訪記というかたちをとって三回にわけて連載し、大々的にその動向を報じている。

探訪した記者が「あの田圃の中で怎麼《どんな》形式に市街が形作られてあるか如何に群集が雑沓《ざっとう》するか、半ば好奇的に、半ば疑心を抱き乍ら」足をふみいれたとき、彼の目の前には「不思議や田圃の中に一市街が歴然として現出した」(『神戸又新日報』大正九年七月二十二日)。突如、田んぼのなかに出現した「一市街」に驚きを隠せない記者に対し、土地の古老は次のようにまちのなりたちを語って聞かせた。

「タツタ満《まる》一年間のことだすがなァ、好《よ》うまあこないに開けたもんや、あの人たちだすかいな、大概職工だすな、川崎造船所の兵庫分工場がありますやらう、台湾製糖会社、三菱造船所それに鉄道の鷹取工場、鐘紡の男女工数へると随分の人数になりますよ、一昨年から昨年へかけて家が不充分だつたのが原因で建てる端から塞るもんやさかい高い地代に高い工賃を出して一日に何十軒何百軒と建てたのがこれだす、これで今年一年景

気が続いたら新開地ソコ除けだすがなァ」と土地の古老は遺憾さうに語つて居た。（『神戸又新日報』大正九年七月二十四日）

古老の語りにしたがうならば、大正七（一九一八）年から同九年にかけて、ここ《西新開地》と称される地区が形成されたことになる。では、なぜこの時期に急速に形成されたのか。その背景には都市政策のレヴェルで、ある判断がはたらいていた。

膨張する都市と耕地整理事業

大正九（一九二〇）年九月二十六日付けの『神戸新聞』には「西新開地発展号」と題された広告が掲載され、その冒頭に「新開地の現在及将来」という説明文が置かれた。《西新開地》の成り立ちを考えるうえで参考になるので、その文章を部分的に引用しておきたい。

都市の膨脹は現代に於ける最も顕著なる事実にして本市の如き年々其最も甚だしきを加へつゝあり最近の統計年鑑に依れば人口凡そ五十四万八千を算せるも来る十月一日施行せらるべき国勢調査に於ては約二割強の増加を予想せられつゝあり殊に近時西神戸の発達には又極めて長足なるものありて化《ママ》工貿易其他一般商業に於ける経済状態の進展著しく市の中心は稍《やや》西方に移動せられつゝあるの観を延《ママ》せり尚地勢上本市は蜿々《えんえん》竜蛇の如

く東西に延長せらるべき特質を有する実状に於て向後市街は益々東西の郊外に拡がりて殆ど其尽く所を知らざるべく従つて西新開地の将来には今や多大の注意を喚起せしめ居れり

ここに指摘された内容を整理すると、人口の増大が「都市の膨脹」、すなわち市街地の拡大をもたらした。実際、神戸市の戸数・人口は、明治期以降一貫して伸びつづけており、とくに大正四（一九一五）年以降の増大は著しい。また、神戸市は北側が山に、そして南側が海に面していることから、必然的に市街地はほぼ東西方向の「郊外」にひろがることになる。

　この市街地化の進展を都市政策の観点からみた場合、畦道を道路に、そして田んぼを敷地にして無作為に住宅が建ち並んでゆくスプロールは、近代的な都市を建設するうえで回避しなければならない問題であったはずだ。そのためには、きちんとした土地区画をあらかじめ整備しておく必要がある。そこで神戸市は、市街地化の最前線がすすみゆくさきに、先手を打って予防措置を講じたのである。のちに《西新開地》で住宅会社を経営する大前光太郎（市会議員経験者）が、当時の市の方針をくみつつ、《西新開地》のありかたに対する私見を披瀝しているので、参照してみよう。

「西新開地の将来」　西神戸に耕地整理事業の始められたのは明治四十一年で、その基本調査を了《お》へたのは同四十五年の事であつた。斯くて大正三年組合の組織と共に工事に取蒐《とりかか》つて同四年池田村の工事を終り同五年に全部を完成し同七年から家屋の建築を見始め遂に今日の如き新市街を形造るに至つたものである。耕地整理の総坪数約五十万道路に為つた坪数十五万でその延長は九里に余り全神戸市延長道路の十分の一に及んでいる。而も此の大事業を完成せしめるに当つて神戸市から受けた補助金は僅々五万円で内三万五千円は小巻に消費されてゐるから真実の補助額は二万五千円に過ぎないのである。

扨《さ》て西新開地に対する市当局の意見は最初之れを工業地とすると云ふことであつたのであるが、神戸市の建設と云う見地から見る時は工業地としての西新開地は余りに狭隘である寧ろ住宅地とする事が近代都市の社会的傾向に鑑みて甚だ適切である様に考へるのである。然し勿論住宅に附随する商業は必要であるから之れが発達をも期して所謂混合地帯の建設に努力することが理想的ではあるまいか（『神戸又新日報』大正十一年六月十三日）

冒頭で大前が指摘するように、この地域では明治の末年から大正初期にかけて大規模な「耕地整理事業」が施行されていた。もともとは田畑のひろがる近郊の農村地帯である（図

図9　耕地整理前後の状況（上1914年／下1916年）

9上）。ところが、旧市街地では急激な人口・戸数の増加が進んでおり、当然のことながらそれは宅地面積の増大をともなっていた。近代都市神戸の「郊外」にあたるこの地域が「早晩市街地たるの運命を有する」ことをいちはやく見て取った市当局は、「田畑の畦畔は幅員狭小、且つ聯絡の便を欠くを以て、直に道路とする」ことができない耕地を「適当に改修し以て市街道路として相当の幅員を有し、且つ都市の中央に通ずるの聯絡を図る」べく、明治四十三（一九一〇）年、耕地整理事業に着手したのである（川嶋右次編『神戸西部耕地整理組合誌』）。

　このとき神戸市農会長を兼務していた鹿島房次郎市長が、地権者約三百名に対して耕地整理事業の推進を訴える書面を送り、そのうち約二百名の賛同がえられたことから、大正三（一九一四）年に「神戸西部耕地整理組合」が組織された。興味がもたれるのは、地主に送られた書面に示される鹿島市長のねらいである。そこには「蓋し一新市街を形成するの日遠からざること〻信じ」ているので、ぜひとも事業に同意・協力していただきたい、とあるのだ。つまり、耕地整理とは名ばかりで、そもそものはじめからこの地域を新市街建設の基盤として整備しようとしていたのである。大前によれば、「工業地」にするという案もあったが、結局、市の方針は、住宅と商業の混合地帯ということになった。

　大正三年にはじまった事業はとどこおりなくすすみ、大正五年の竣工をもって矩形のみごとなる土地区画が誕生する（図9下）。大前が「同七年から家屋の建築を見始め遂に今日の如き新市街を形造るに至つた」と指摘するように、この後、区画整理された範囲に住宅が建設され、市街地化が一気にすすむこととなる。

盛り場化する《西新開地》

住宅地の形成時期については諸説紛々としており、確たる年をあげることはできない。たとえば、「現在の新市街は数年前までは一面の田圃であった、ポツ〳〵と家の建られ始めたのは大正九年、先づ西尻池方面から開け始めた」(『神戸又新日報』大正十一年五月二十七日)という指摘は先の古老の話とほぼ合致するが、大前の談話によれば住宅の建設開始は大正七年からである。また、もっともはやい時期を指摘しているのは「茫漠たる田と畑との中に初めて家の建てられたのは大正六年の事」(『神戸又新日報』大正十一年五月三十日)という記事であり、これにひきつづいて借家経営に着目した大前が約二百戸の借家を建設したという。

いずれにしても、大正六〜九(一九一七〜一九二〇)年頃に開始された民間からの住宅供給が呼び水となったのだろう。その後は地元の古老をも驚かせるスピードで市街地化が進展した。その過程で「忽ち二葉筋から六間道に掛けて通りが出来上がりかゝった」(同前)といい、同じく「瞬く間に所謂六間道なる通りが出来上り、それから徐々に山手に及んで行つた」(『神戸又新日報』大正十一年五月二十七日)。つまり、ある特定の通りが選ばれて住宅

（商店）が建ち並び、その通りを軸線として面的なひろがりをみせたのである。

ここで注目されるのは、「……まだ表通りだけしか出来てゐないのに安物の料理屋と飲食店とが出来る〳〵……」（『神戸又新日報』大正十一年五月二十八日）という状況を呈するにいたったことだ。その当初から「料理店十五軒、飲食店百十七軒、仲居七十四名、雇人紹介業者四十二軒、遊戯場二十四軒、活動写真館一で目下出願中のもの活動写真館一を初め其他の夥しいものがあつて、忽ち現在のものに倍加するの発展状態に」（『神戸又新日報』大正十一年四月二十六日）あると報じられたように、市街地化の過程で飲食店に代表されるサーヴィス業が著しく集積していた。

このような特定業種の卓越が、人びとにあるイメージを抱かせるところとなる。すなわち、「……料亭飲食店は軒を並べて新開地に対する西新開地を称えるやうにまで繁昌の地になつた」（『神戸又新日報』大正十年一月八日）、あるいは「田地が逐日住宅地に開拓され、西新開地付近の一帯は益々第二の新開地色彩を濃厚に現し来る」（『神戸又新日報』大正十年二月四日）と指摘されるように、地区形成に盛り場化がともなわれている点をとらえて、湊川新開地に比喩されたのである。

大正十（一九二一）年一月には平忠度《たいらのただのり》の腕塚、「二葉の松」という古跡、そして庄田橋付近の字名にちなみ、それぞれ腕塚町、二葉町、久保町という町名が定められた。また当初はさまざまな屋台（夜店）が六間道に出てにぎわっていたといい、この頃からその他の機関・施設・制度も充実しはじめている。こうして少年Hに物心のついた頃には、六間道・大正筋を中心とする盛り場ができあがっていたのである。その後十数年のうちに、この地域はよりいっそうの商業集積をみた。

たとえば、約十五年後の新聞記事では、その発展ぶりが次のように伝えられている。

> 商店街の中枢ネオンの巷と化して躍進また躍進、全く隔世の感があるその発祥地とも云ふべき二葉、庄田、駒ヶ林の各町より成る六間道筋こそは舗道の幅員六間なるが故にこの名生れしと云ふ西神戸と云へば六間道を連想する程左様に人々に膾炙〔し〕たる代表街であり流石に新興街の商売として設備に内容にすべてが整備して居り明朗の一色を以て彩る構《こう》じのよい商店街として賞揚するに値する。(『神戸又新日報』昭和十一年六月二十五日)

昭和戦前期の六間道には、町丁別に商店会が結成され、なかでも三～五丁目には街路照明や天幕といった設備が整えられるなど、まさしく西神戸を代表する商店街となっていた。さらに大正筋商店街、学校通り商店街(現・西神戸センター街)、二葉筋、昭和四(一九二九)年に御大典を記念して鈴蘭灯を設置した林田筋商店街(現・本町通)など、現在に連なる商店街もこの時すでに形成されていたほか、二葉町三丁目には丸五市場が、そして久保町

図10　《西新開地》の商店街

五丁目には丸は市場がそれぞれ立地している。結果として、《西新開地》は四つの商店街と二つの小売市場からなる、神戸市きっての一大商業地に発展していた（図10）。

夜のにぎわい

以上のように《西新開地》では急速な商業集積がみられたわけであるが、かといって当初指摘されていた新開地的な特色が脱色されていたわけではない。たとえば、「益々《ますます》頭角をあげだす西新開地」という見出しの付いた記事には、たんなる商業地にはとどまらない《西新開地》のもうひとつの側面が描写されている。

……市電大橋二丁目で浜側に下りる

とパッと開ける夜景、これぞ西新開地である、西神戸第一の繁華街だ……〔。〕兎も角繁華街西新開地は西神戸のカフエーの巣窟だ、電車道から浜まで続くアスファルトの道に暗い横道がいくらあるかつて、地ゴロだつて知つてゐるものはない〔。〕地獄で聞く謝肉祭のヂヤズのバー・クロネコ、二十数名の美人女給を擁するバー・ねえさん、そこらあたりから五十数軒のカフエー、酒場、喫茶店、料理屋が庇をつられて《ママ》五彩を競ひ、エロを以つて鳴る女給軍がざつと四百、ヂヤンヂヤン揃つてる……(『神戸又新日報』昭和八年十二月十二日)

この語りに示されるように、《西新開地》は夜の歓楽街という貌を持っていたのである。急激な市街地化は、出自を異にする人びとの流入をともなう。明治期以降、都市の近代化の所産のひとつとでもいうべき新市街の形成には、そのような流入人口の消費生活を支え、また職場や就業の機会をも提供する(飲食店を中心とした)サーヴィス業の発達をみるのがつねであった。

ここ《西新開地》も、その最初期から、夜のにぎわいが顕著であったようだ。再び「一躍熱鬧場に化した蛙鳴いた尻池の水田」から引用しよう。

……やがて四辺《あたり》が黄昏れて、電灯が一斉に市街を彩ると、通路の模様が激変して来た。

それは、夜店が街路の左右を粉飾したからである。三国館前を中心に、靴屋、石鹸屋、莫大小《メリヤス》屋《や》、氷屋、甘酒屋、水菓子屋が幾十台となく屋台と店台とを列べ、浴衣がけの夫婦連、子連、老若男女が三々伍々、何処から集まるともなく縦貫道路を右往左往して、午後八、九時には宛然たる湊川新開地の雑踏が現出し始めた。（『神戸又新日報』大正十一年七月二十四日）

このように、日暮れとともに路上に建ち並ぶ露店によって、夜のにぎわいが演出されていたのである。そればかりではない。「自然付近には料理店や露店が軒を並べて弦歌の声や化粧の女の艶な声も毎夜絶えぬ」というように、《西新開地》は絃歌さんざめく夜の街でもあった（『神戸又新日報』大正九年七月二十日）。

《西新開地》の料亭と芸妓

『神戸又新日報』に先駆けて「西神戸の発展」、すなわち「湊川新開地に慣《ママ》ふて西新開地を形造れる一画さへ出来」たことを報じた『神戸新聞』によると、大正九年六月の時点で「十三の料亭と五十五の飲食店」が営業していた。

たしかに、「一躍熱閙場に化した蛙鳴いた尻池の水田」にも、「朝日家は『寿司御料理』の看板が掲つてゐるだけ、日本式の純料亭である。仲居も乙なのが三、四名、外に大福、思案亭、曰く何、曰く何と数へ尽せぬほどある」といった記述がみられる。興味がもたれるのは、「孰れも皆構へが小さい、けれど芸者は何処へでも入る」という一文にほかならない。草創期の《西新開地》に検番など、あろうはずもなかった。

では、どの料理屋にも出入りしたという芸妓は、どこから派遣されていたのか。

芸妓事務所は未だ出願中で此処には無い。遠く福原遊廓から〔芸妓の〕供給を仰いで居るのであるが、電話で半時間内には自動車が来るといふ。俥上に御注文の美形が乗つてゐることは云ふまでもなからう（『神戸又新日報』大正十一年七月二十三日）

当初、《西新開地》では、わざわざ《福原》や《柳原》から芸妓を招聘していたのである。さらに「自動車で芸妓を聘するほどの手数を省きたい人」には、地元の「町芸妓」が薦められている。「お座附の一つに流行歌位で鬱を散じ得る程度の客は、福原芸妓〔を呼ぶ〕にも及ばない」、と。さらに簡易に済まそうと思う客は、朝日家、大福、中央軒、思案亭の女給を相手に一杯やればよい。あるいは、「大概な人が仲居さんの三味線で辛抱しやはります。大概一軒に一人は居やはりまつせ。それに、毎晩法界屋はんが通りますやろ、それを呼び上げて春雨でも流行歌でも唄はしはりますが……」というように、たのしみかたは人それぞれといったところだろうか。

いずれにせよ、簡易なお座敷遊びが流行するほどに、《西新開地》はそもそものはじめから繁華街だったことになる。

花街の成立と発展

「西新開地百軒の料亭飲食店では遊客の求めに応じて、遠い福原又は柳原の芸妓を聘《よ》んで漸く間に合わして居た」ものの、それではさすがに不便であったようだ。地元有力者が、料理屋・飲食店の集積を横目にみやりつつ、大正十（一九二一）年という市街地の完成をいまだみない段階で、はやくも芸妓事務所（検番）の設置を出願した。

同方面に花街を拵えるのは遊蕩の巷を市内各所に散在せしめるやうな結果になつて、風紀上余り面白くないと思考したものゝ、市の西部方面に於ける発展を思ひ、却つて阻止する事の如何も慮つて芸妓共同事務所を初め、付随した置屋等の営業者を腕塚通五六丁目、久保町五六丁目の一区画に設置を許してはどうか〔。〕（『神戸又新日報』大正十年一月八日）

これが県当局の意見であった。文中にある「阻止する事」というのも、たしかに現実的な問題ではあった。というのも、検番の設置が認可されないなかで、「無鑑札芸妓ボツボツ跳梁し始め狐鼠々々《こそこそ》料亭入りして盛んに稼いでゐる」ような状態になっていたからである（『神戸又新日報』大正十一年四月二十六日）。料亭に出入りしていたのは、各地から流れてきた元芸妓で、彼女たちはいずれも「遊芸稼人」の鑑札で営業していた。

大正十一年四月、芸妓まがいの営業を封じ込めるという建前で、二葉・久保両町の表通りをのぞく五・六丁目に芸妓置屋の営業が許可される。さらに二ヵ月もたたないうちに、「雇《や》仲居《とな》倶楽部」までもが三つも許可された。雇仲居とは酌婦の関西固有の呼び方であり、雇仲居倶楽部は雇仲居を差配する事務所である。

その後、昭和十（一九三五）年を前後する頃には、「西検番芸妓共同組合」、「西芸妓置屋組合」、「林田料理貸席業組合」、「西神戸料理組合」など、二業を構成する複数の組合にくわえ、「松竹・太陽・敷島・西中央・朝日」という五つの雇仲居倶楽部からなる「西神戸雇仲居倶楽部組合」も組織されている。検番、雇仲居倶楽部、料理屋・席貸からなる、特異な繁華街が《西新開地》に形成されていたわけだ（図11）。

「花街の六間道」二葉町五丁目の裏通り柳暗花明の巷には西神戸の花街を代表するものとして席貸七十軒、置屋廿三軒、百名芸妓あり〔。〕灯しごろともならば絃歌さんざめき妓丁の往来繁く何時も景気よさを示して居り隣接して五つのやとな倶楽部あり、雇仲居七十名を擁してこれまた盛んに流行してゐる〔。〕（『神戸又新日報』昭和十一年六

講談社学術文庫　10月10日発売

出雲神話

松前　健
三浦佑之 解説
1078円 536911-1

日本神話で最も重要な舞台であり、大和朝廷が最も恐れたという宗教王国・古代出雲。記紀や風土記などの資料を読み解き、その実像に迫る！

善悪の彼岸

フリードリヒ・ニーチェ
丘沢静也 訳
1518円 537320-0

「みんながそうしているから」を「奴隷のモラル」と笑い飛ばせ！　新訳でよみがえった晴れやかなニーチェが贈る、比類なき人間への応援歌。

新版 蔦屋重三郎
江戸芸術の演出者

松木　寛
池田芙美 解説
1210円 537356-9

2025年大河ドラマ「べらぼう」の主人公、蔦重とは何者か？　写楽・歌麿・京伝・馬琴らを世に出したヒットメーカーの生涯とその時代。

花街 遊興空間の近代

加藤政洋
1122円 537358-3

なぜ生まれ、いつ消えた？　全国の「花街」誕生の経緯を辿ることで明かされる、人間たちの欲望の正体、そして近代都市形成の秘密！

愛と欲望のナチズム

田野大輔
1496円 537409-2

産めよ殖やせよ。強きゲルマン人の子を大量に得るために——性の解放を謳い人々の欲望をも動員したナチの性－政治の実態を解明した話題作。

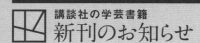

図11　大正筋の夜景　「西検番芸妓共同組合」の看板がみえる

月二十五日）

《西新開地》の中心は、まさしく花街となった。

新市街と花街

「西新開地」 神戸の西部須磨への南海岸、今尚海汀に網干す点景の地。都市計画により六間幅員の道路の新設なり、活動写真小屋、カフエー等と共に盛り場をつくりたるも、西検に百三十六人の芸妓の存在を近年示すに至り毎年其盛大を示しつゝあり。（太田毎文「扇港花街雑録」）

できあがった街区をのちの人がみれ

ば、耕地整理事業による区画整理も「都市計画」となんら変わらなかったのだろう。ここまで概観したように、《西新開地》は盛り場に混在する花街へと成長していた。この街を大好きだった少年の目には入らない、夜の街景というべきだろうか。

現在からすれば商店街と花街が密接している状況は、はなはだ奇妙に思えるかもしれない。だが、地方都市の中心商店街にはよくみられる立地で、この《西新開地》が例外というわけではない。明治期以降の新市街地の形成を観察すると、市街地化の進展する初期段階でこうした花街的な要素が街の風景に芽吹くケースはそれなりに存在していた。それがどのように発展するかは場所によって大きく異なるものの、ここ《西新開地》の場合は、地元有力者のはたらきかけによって検番中心の花街として制度化されたのだった。

少年の目には入らない夜の風景、それは阪神・淡路大震災を前後する時期まで確たる地場を築いていたものの、再開発事業にともない完全に失われてしまった。戦後、ある特異な事情でこの花街が焦点となるが、ここではふれないでおこう。

7　再び「新開町」をめぐって

田山花袋は「東京の発展」と題された有名な節で、次のように述べている。

概して、東京の外廓は、新しく開けたものだ。新開町だ。勤人や学生の住むところだ。そこには昔の古い空気は少しも残つてゐない。江戸の空気は、文明に圧されて、市の真中に、寧ろ底の方に、微かに残つてゐるのを見るばかりである。（田山花袋『東京の三十年』）

経済活動の活発化とともに人口は増大し、「昔の空気」を部分的に食い破りながら、市街地が郊外へと拡張するのは必然であった。その過程で旧市街地の外縁部にインナーシティが形成され、のちに市域周辺の耕地を区画整理することで労働者を中心に増大する人口の受け皿が用意されるとともに、郊外では富裕層向けの別荘地・住宅地が電鉄会社などのデベロッパーによって開発されていく。花袋が「外廓」と位置づけるのはその中間にあって、旧市街地を囲繞するように環状をなす「新開町」である。

花袋の「新開町」とは無縁にみえる「新開」を、樋口一葉は『にごりえ』に描いた。一葉の描写を受けて、馬場孤蝶は「新開の町」には自然と「銘酒屋」が立地し、そのまちを育てあげると説いた。本章で概観した初期《西新開地》でも類似した状況を呈していたが、それを追認するかのように置屋・席貸の営業が許可されて、花街へと発展する。

ここで想起すべきは、「新開の町村に芸者屋町を許可するは土地繁昌を促すがためといへり」（「桑中喜語」）、という永井荷風の指摘であろう。花街の発生は明治期から昭和戦前期の市街地形成には少なからず看取されるものの、荷風の指摘はそれらが自然に発生するというよりも、むしろ積極的に「新開の町村」に指定地を許可するという政策的な側面を衝いている。つまり、市街地化にさきがけて、あるいはそれを先取りする「発展策」として、二業地・三業地の指定がなされたのである。

およそ大正の世となりて都下に新しく芸者屋町の興りしもの一、二箇処に止まらず。麻布網代町、小石川白山、渋谷荒木山、亀戸天神なんぞいつか古顔となり、根岸御行《おぎょう》の松、駒込神明町、巣鴨庚申塚、大崎五反田、中野村新井の薬師なぞ、僕今日四十を過ぎての老脚にては、殆《ほとんど》遊歴に遑《いとま》あらざる次第なり。(「桑中喜語」)

荷風が遊歴することのなかった新興の二業地・三業地を、次章で探訪してみよう。

第三章　近代東京における地区指定の転回

1　江戸－東京の「慣例地」

近代東京の花街は、本書の第一章でも整理したように、娼妓と芸妓それぞれの所在する空間が明確に分化していたところに特徴がある。江戸期の街道の起点をなした「四宿」である千住、板橋、新宿、品川、人形町界隈から転地された《新吉原》、さらには明治期に根津から転地された《洲崎》の六ヵ所に遊廓が配置されていた。では、芸妓屋、料理屋、待合からなる二業ないし三業の花街はどのように成立し、立地展開していたのだろうか。

ここに、花街の立地に関して、江戸－東京の連続性を前提する興味ぶかい説明があるので引用してみたい。

> 元来、東京花柳界の成立は、神社・仏閣、或いは盛り場〔、〕風光明媚の地などに、隠し砦の形態をとって自然に発生し集団化して行ったもので、これを慣例地と称してい

る。例えば、講武所は神田明神、湯島は天神、深川は八幡、芝は神明、下谷は池の端弁天、牛込は神楽坂毘沙門、四谷は津の守蓮池、葭町は人形町・蠣殻町、新橋は文明開化の音を立てた盛り場の地であり、日本橋は通信機関の伝馬と魚市場、新橋南地は烏森神社、新富町は守田座（のち新富座と改め）と新島原遊廓と、総て神社・仏閣・盛り場を中心として発達したものであった。（浪江洋二編『白山三業沿革史』）

これは、《白山》の三業組合創立五十周年を記念して発行された『白山三業沿革史』の序文から引用した。執筆者は、白山三業株式会社の初代社長・秋本鉄五郎の養子で、大正十三（一九二四）年に同社の社長に就任した秋本平十郎である。

平十郎が指摘するように、東京の花街は、たしかに「神社・仏閣・盛り場・風光明媚の地」、つまり名所の周辺に立地していた。引用文中に事例としてあがる神田明神、湯島天神、《深川仲町》の富岡八幡、芝神明、《下谷》の不忍池、《神楽坂》の毘沙門天、《四谷》の「津の守《かみ》蓮池」、《新橋南地》の烏森神社、あるいは《目黒》の目黒不動尊、《亀戸》の亀戸天神社など、いずれも名所の要素が色濃い場所の周辺に立地していた。

もともとは「隠し砦」のような存在で「自然に発生し集団化して行った」という説明にも興味がもたれる。こうした語りは、物見遊山する客を相手にしていた「水茶屋から、後に料理旅館となつて……何時か芸妓も生れ、花街らしい環境を作つてしまつた」という《目黒》

るからだ。

の事例に象徴される（加藤藤吉『日本花街志　第一巻』）、歴史的な形成過程をも示唆していることにも気づくだろう。

このような立地の特性と歴史的変化に関する説明で暗黙裡に前提されているのは、江戸の城下町を基盤とした東京の都市構造、ならびに江戸から明治の東京にまたがる花街の連続性である。けれども、連続性にばかり気を取られすぎてしまうと、東京花街の重要な側面を見落としてしまうことになりかねない。明治維新後、昭和戦前期にかけて、この都市にはじつに多くの花街が誕生していた。はたしてそれらの花街は、従来どおり名所の周辺に「自然に発生」したのだろうか。

本章では、この問いを念頭におきつつ、明治・大正・昭和戦前期を通じた東京の花街史をたどりなおし、各々の時期に特徴的な花街創出の論理をほりおこしてみたい。本題にすすむまえに、まずは「慣例地」の形成を概観する。

江戸期成立の花街

さしあたり旧来の花街を、秋本平十郎にならって「慣例地」と位置づけておこう。「慣例地」という言葉自体は花街関連の文献において使用されておらず、管見のかぎり、その初出は《白山》の三業組合創立二十周年を記念して昭和七（一九三二）年に出版された島田豊三編『白山繁昌記』である。

「慣例地」には江戸時代に起源を有する花街がすべてふくまれ、そのほとんどが「岡場所」と称される非公認の色街であった。最初にあげるべきは、商業地の中心に位置する《日本橋》であろう。旧吉原遊廓の移転の際、業者の一部がこの地に移ってきたことが花街のはじまりであるという。

また、天保期の水野忠邦による取り締まりによって《深川》が一時的に廃止された際にも、一部の業者が移転してきたようだ。

外濠線の八重洲橋と呉服橋との間、電車線路に沿ふた東側檜物《ひもの》町を中心として上槇町、数寄屋町、元大工町に亘る一曲輪《ひとくるわ》で、時に表通りに御神灯を出してる家もあるが、多くは裏通りの路次に、芸妓屋・待合ひさしをならべて文字通りの狭斜街を成してゐる。

（松川二郎『全国花街めぐり』）

昭和初年の様子を、松川二郎はこのように描写していた。同じく《葭《よし》町》もまた（旧）吉原遊廓の移転後に発生しただけに、松川は「東京では一番古い歴史を有つ花街」と位置づける。

明和・安永期（一七六四～一七八一）に整理された《柳橋》は、「江戸第一の芸妓本位の花街」であり、ここにも《深川》を追われた芸妓が流れ込み活況を呈した。《深川》といっても、当初は富岡八幡宮周辺の複数の遊所に分散しており、おもだったところだけをとって「七場所」――洲崎町・仲町・新地櫓下《やぐらした》・裾継《すそつぎ》・新石場・古石場・佃土橋――と呼ばれる「岡場所」であった。天保十二（一八四二）年には水野の手により紅灯はその灯を消すが、弘化二（一八四五）年に再度許可を受け、仲町を中心とする花街が明治期以降も存続する。「霊岸島」や「こんにゃく島」などとも俗称される《新川》もまた、旧吉原の移転に発展した岡場所のひとつである。

その他、安政四（一八五七）年に成立し明治二十五年に許可された牛込の《神楽坂》（蒔田耕『牛込華街読本』）、明治期に合併して《下谷》の花街となる数寄屋町と同朋町、寺の僧を相手とする男娼（陰間《かげま》）にはじまり芸者町となった《芝神明》や、同じく男娼にはじまり周辺の岡場所とともに発展した《湯島天神》などが代表的な慣例地である。

幕末・維新期成立の花街

これら江戸時代の岡場所などに起源を有する花街にくわえて、秋本平十郎は維新後に形成された複数の花街をも慣例地として位置づけた。明治前期、新たに花街が形成されていたのである。

幕末・維新期における花街の変動を、松川二郎がうまく捉えているので参照しておこう。

王政維新、明治政府の樹立とゝもに頓《にわか》に眼立つて来た現象は、社会諸制度の改革もあつたが、まづ田舎武士あがりの官吏の専横、宴会の流行、及び之に伴ふ芸妓の台頭であつて、幕末以来一時火の消えたやうだつた全市の花街は、一斉に活気を帯びて来た。旧花街の死灰が俄かに燃えはじめると同時に一方には新らしい花街も続々と生れた。或る時は政府みづから遊廓を設置したりもした。(『全国花街めぐり』)

維新後、旧来の花街が復興するとともに、新しい花街がつぎつぎと成立する。なかでも、帝都の玄関口に成立し、その名を知られるところとなったのが《新橋》である。

花街の銀座

《新橋》は明治政府の高官たち——伊藤博文、桂小五郎(木戸孝允)、西園寺公望ら——に利用されたことで知られ、いわゆる「待合政治」発祥の地ともいわれている。この《新橋》は、近代的な都市計画の胎動期に、ひとつの組合のなかに二つの検番を抱える特異な花街として形成された。そのきっかけをつくったのが、明治五(一八七二)年四月三日(旧暦は同年二月二十六日)におこった大火、またそれによって焼失した銀座を「文明開化の街として再建」する「銀座煉瓦街計画」である(藤森照信『明治の東京計画』)。建設工事の開始とともに、銀座の新橋よりにあった旧来の花街は、汐留川をこえて当時は空地となっていた烏森神社付近に移転する。

建設工事の終了後、新天地たる「煉瓦地」へ再び移転する者と、すでに充分な基盤を築いた烏森にとどまる者とにわかれた結果、汐留川をはさんで京橋区側に《煉瓦地》の検番が、芝区側には《南地》の検番が両立するところとなり、双方をあわせて《新橋》と称する花街が誕生したのだった。この点で、「新柳二橋」と並び称される《新橋》と《柳橋》は、新旧の対照的な「慣例地」であるといえよう。

その後、《新橋》は大正十一（一九二二）年に煉瓦地と南地とに分裂し、前者が《新橋》に、後者が《新橋南地》となって、制度のうえでも二つの花街となった。花街名が《新橋》と称されることから現在ではあまり意識されることもないと思われるが、銀座の一部はれっきとした花街だったのである。

留守居茶屋と《赤坂》

『文藝倶楽部』（第十編、明治二十八年十月二十日、博文館）に収録された「十五夜」という記事に、「もし芸妓などならば、柳橋は、亀清、新橋は湖月、日本橋は柏木、赤坂は八百勘、牛込は求友亭、神田は開花楼、向島は植半、下谷は松源……」というくだりがある。このうち《柳橋》の亀清、《赤坂》の八百勘、《下谷》の松源は、深川の平清、京橋の伊勢勘、芝の万清、四谷の武源楼などとならんで、江戸時代に「留守居茶屋《るすいぢゃや》」と呼ばれた格式のある料理屋であった。これは一般の町人の出入りを許さない大名屋敷に在住する留守居役御用達の茶屋で、明治初年には二十八軒あったというが、昭和初年には先にあげた各地（花街）の料理屋を残すのみとなっていた。

そのなかで十五代にわたって受け継がれた暖簾の古さを誇る八百勘は、《赤坂》を代表する料理屋であった。《赤坂》には八百勘のほかに料理屋数軒があったものの、当初は人家もまばらで空き地が多く、田町六丁目あたりは「桐畑」になっていたという。くわえて、付近には溜め池もあったことから（明治二十年代には埋め立てられた）、この地は「溜池」とも称された。

やはり、「留守居茶屋」たる八百勘の存在が大きかったのだろう。明治二（一八六九）年にはやくも最初の芸妓屋が店開きし、明治中期にかけて急速に発展していく。加藤藤吉は「明治期になつてから急に芸妓の集つた点を考えると、以前に何か芸妓類似のものがあったのかも知れない」といぶかるが、松川二郎によれば文化・文政期には寺院や武家屋敷にまじって「四五軒の私娼宿があらはれた」という。松川自身はそれを「花街の濫觴《らんしょう》」とみなすのだが、やはり正式に芸妓屋が開業する明治初年を花街の成立期とみるべきか。

この新興の花街は、結果として明治中期から昭和にかけて「新柳二橋」に次ぐ花街へと発展する。

《新島原》の廃止と《新富町》の成立

慣例地のなかでも異色なのは、《新富町》である。明治政府は築地に外国人居留地を開設すると同時に、膳所《ぜぜ》藩邸・彦根藩別邸などの跡地に新しい遊廓を設置し、《新島原》と命名した。《新吉原》に比肩する規模をほこったというが、予想されたほどのにぎわいをみせることもなく、明治四（一八七一）年七月三十日をもって廃止され、業者は《新吉原》・《根津》に合併された（加藤藤吉『花街年表』）。廃止にあわせて隣接する大富町の一部を編入し、《新島原》の「新」と大富町の「富」とをとって「新富町」としたうえで、あらためて市街地として開放した。その後、跡地には劇場が移入して新富座を名のり、随伴してきた芝居茶屋に芸妓も抱えられていたことなどから、《新吉原》に移転することなく居残った《新島原》の芸妓と合同して、新たな花街《新富町》が誕生した。劇場とともに人気を博したため、「櫓下芸妓」とも呼ばれた。

《九段》の成立と発展

靖国神社近傍という立地は意外に思われるかもしれないが、《九段》もまた維新後すぐに形成された花街である。のちに《九段》を代表する待合となる「菊の家」の初代・長岡仁兵衛が山の手の繁栄を期して花街の新設を思い立ち、明治二年、萩藩士で新政府の参議となっていた廣澤眞臣を後ろ盾に、招魂社（靖国神社）の境内に出した茶店が花街の端緒となった。

明治四年に廣澤が刺客に討たれて《九段》の「花柳界は有力なる後援者」を失うものの、参詣に訪れる人びとを当て込んだ料理屋が旧武家屋敷を縫うようにあつまり、酒食を供するようになっていった。まだ芸妓のいなかった当時は、わざわざ《牛込》から呼ぶこともあったらしい。

代表的な料理屋となる「魚久」が明治十四（一八八一）年に開店するにおよび、この地に移り住む芸妓もあらわれはじめる。そして明治二十九（一八九六）年、この付近一帯を縄張りとしていた侠客・柴田喜太郎が検番を設置したことで、花街の分業体制が確立されたのだった。大正元（一九一二）年に柴田が亡くなると、組合内で「紛擾《ふんじょう》」がおこり、いったんは《九段》と《富士見町》とに分裂するが、大正八年には和議におよんでもとの鞘におさまった。

関東大震災後には周辺の土地を買収するなどして勢力をのばし、昭和三（一九二八）年時点で、芸妓屋百一軒、待合百二十一軒、料理屋九軒からなる一大花街へと成長した（九段三業組合「九段三業組合沿革」）。

《四谷》と《神田》

《四谷》は、その所在地から荒木町ないし「津の守」とも呼ばれた花街である。「津の守」

とは、この地にあった美濃国高須藩主の松平摂津守の屋敷にちなんだもので、明治五（一八七二）年五月十五日のこととして、加藤藤吉は次のように記している。

元松平摂津守下屋敷なる四谷荒木町に旧林泉を利用し鞭の井戸より水を布き遊覧場としたるより、俄かに料亭茶店等五十余軒開業〔。〕それぞれ賑いを呈したり、四谷津の守花街の発祥なり。（『花街年表』）

滝を造営して納涼地としたことが発端となり、料理屋などが集積して客をあつめた。関東大震災後は、近傍の商店街とともに「新銀座」と呼ばれるほどのにぎわいをみせたといい、芸妓屋八十六軒、料理屋十三軒、待合六十三軒が軒を並べて、高低差のある地形とあいまって、文字通り狭斜の巷を現出する。

《神田》もまた、幕末・維新期の混乱のさなかに形成された花街である。この土地には東本願寺が建立されていたが、明暦の大火後に浅草に移り、その跡地は加賀藩の屋敷地として下付されていた。その後、屋敷が本郷へと移された結果、跡地は火除地（空地）となり、地元では「加賀原《かがっぱら》」などと呼ばれていたという。

他方、幕府は安政三（一八五六）年、外敵に備える必要から武芸の講習所ともいうべき「講武所」を築地に開設する。その後、同所が軍艦の操練所となったため、講武所は内神田の三崎町に移設された（現・日本大学法学部図書館）。その際、土地開発のために取り払われた住宅の代替地に「加賀原」があてがわれる。

講武所に追われて成立した加賀原の家屋群それ自体が、いつしか「講武所」と呼ばれるようになり、のちに成立する花街の名称となる。幕末には「講武所」へ鍛錬に行くなどと称して遊んだ武士が相当いた——つまり当初から花街であった——という説（松川二郎）もあるが、加藤藤吉はこの花街の成立を維新後のことであると主張する。すなわち、明治三（一八七〇）年、浅草にあった人形浄瑠璃の薩摩座がこの地に移転してきた際、追随した芝居茶屋に芸妓が抱えられていた、というのである。明治五年におこった火災をきっかけとして薩摩座は転出したものの、その跡地には「開花楼」とならぶ名店「花家」ができ、そのままふみとどまる芸妓も少なからずいたことから、小規模な花街へと発展したのだった。

花街化の端緒が劇場にあったことを考えれば、《新富町》に類する「櫓下芸妓」ともいえるし、《講武所》といういかめしい花街名は、幕末・維新期の都市空間の変動を如実に物語ってもいる。

「慣例地」と都市空間

ここまでかけあしでみてきたように、明治維新後に開設された花街はおもいのほか多い。《講武所》と《四谷》（津の守）は、たしかに名所に近接しているものの、前者がもともと加賀藩の屋敷で幕末には空地となっていたところに、同じく後者が松平摂津守の屋敷跡地に形成されたことを考えれば、第二章の鳥取・富山と同じく、幕藩体制の転換とともにおこった特異な土地の用途転換とみることもできる。

『白山三業沿革史』における秋本平十郎の「序文」に示されるように、「慣例地」といっても、すべてが江戸時代に形成されたわけではなく、また名所に近接して「自然に発生」するという定型的な形成過程を必ずしもとっていたわけではない。むしろ、維新後の混乱のさなかに生じた都市空間の間隙に、機に乗じて街々に播かれた種が、みごと発芽し花を咲かせたとみるべきであろうか。

秋本によれば、明治四十一（一九〇八）年に警視庁が「風紀取締」のため、花街の指定地域を限定したというが、加藤藤吉は明治二十八（一八九五）年に警視庁令第八号によっていったん引き締めがなされたのち、明治三十（一八九七）年十月十一日に「前例の地なきところには許可をせず」という内規が制定されたと指摘する（『白山花街の沿革』）。その結果、樋口一葉の作品に登場したような指定地外の私娼街は存続できなくなった。いずれにせよ、秋本が「慣例地」と位置づけた花街は、おりにふれて発せられた警視庁令によって「前例の地」と位置づけられた地区とみてよい。いずれも明治初期までに成立した花街である。

かりに明治前期に成立した《四谷》が最後の慣例地であるとするならば、それからおよそ三十年以上ものあいだ、後述する湾岸の花街と、明治二十年代に開けたという《渋谷》や

《芝浦》をのぞけば、少なくとも旧市街地に新たな花街は形成されなかったことになる。この空白期の存在は、ある意味、花街史における江戸－東京の断絶を示しているのではないだろうか。もし、そこに空間史をめぐる断層があるとすれば、その後に成立する花街には、名所近傍の「自然発生」型とは異なる、新たな形成の論理があるにちがいない。

2 《白山》の指定と開発のはじまり

明治前期にあいついだ花街開設の流れに対する反動なのだろうか。その後、都心部では「慣例地」以外に花街の新設が認められることはなかった。風俗を紊乱《びんらん》する営業の引き締めとでもいうべき状態が、明治末年までつづくのである。

だが、時代が大正へと変わるとき、花街をめぐる政策は大きく舵を切る。その端緒を切り開いたのが、《白山》の地区指定である。それは、明治初期からつづいた慣例地のみの原則をくつがえす象徴的な出来事であるばかりか、後々まで大きな影響をおよぼす転機となった。

秋本鉄五郎の運動

明治四十五（一九一二）年六月二十一日、指ヶ谷町（小石川）の一画に「指定地制定後の最初の許可地」として《白山》が誕生した（加藤藤吉「白山花街の沿革」）。慣例地しか営業を認めないという禁制が、明治最後の年に解かれたのである。

《白山》側からは、明治四十一年五月から同四十四年十一月にかけて都合八回にもわたって三業地の指定を求める陳情がなされていた（浪江洋二編『白山三業沿革史』）。「白山方面の土地発展」を名目にして三業地の指定を再三にわたって願い出た人物こそ、秋本平十郎の父・鉄五郎にほかならない。明治二十九（一八九六）年より小石川の地に居を定めて酒屋兼酒場を経営していたという鉄五郎は、明治四十（一九〇七）年に酒屋を廃して兼業の飲み屋を料理屋「かね万」にしたところ、近隣に同類の営業がないことから大いに繁盛する。その際、「酒席の興にそえる……芸妓がいなくてはならぬことを痛感」した彼は、許可を求める運動に邁進することになる（同前）。

樋口一葉の『にごりえ』に描かれた指ヶ谷周辺は「銘酒店」の集積する地区であった。それ以前から「新開地」と俗称されており、弓矢で的を射て遊ぶ「楊弓店（矢場）」が八軒あったという。「楊弓店」には「矢取女」と称される女性が従業し、彼女たちもまた「私娼の一形態」であった。楊弓店は銘酒屋とあいまって、三業地の素地となったにちがいない。

矢場・銘酒屋が繁盛するなかで料理屋を経営しはじめたのが秋本鉄五郎である。鉄五郎が鳩山和夫（鳩山一郎の父）や大井玄洞に代表される地元選出の市会・区会議員らの後援を受けて運動を開始すると、花街の創建を見こした者たちがつぎつぎに小料理屋を開業した。結局、明治四十五年に指定地の許可がおりるころには、鉄五郎の店舗をはじめ、相当数の料理屋（あるいは銘酒屋）が建ち並んでいた。

準備よろしく鉄五郎は、指定の四日後にすぐさま三業組合を組織し、事務所をかまえる。

一葉女史の名篇「にごり江」に依つて有名な私娼窟、それの発達したものが即ち今日の「白山」なる花街である。…〔略〕…私娼窟が漸次発達して遂に純然たる花街に変化してゆく経路と、光景とを、私達は此の花街に依つて如実に見せ付けられたものであった。（松川二郎『全国花街めぐり』）

一連の動きを松川二郎は「私娼窟」から花街への発展として簡略的に跡付けるが、その背後にある地元の政治家を巻き込んだ指定運動を見落とすことはできない。事後的にみるならば、運動の開始された明治四十一（一九〇八）年には、市区改正にともなう道路の拡幅があり、許可のおりた同四十五年には市電が巣鴨まで開通している。旧市街地の近郊に位置する指ヶ谷が早晩、都市空間に取り込まれることは必然であった。鉄五郎はそうした趨勢を予見し、陳情を繰り返したのだろう。

地区指定の許可権

では、なぜ八回目の陳情で許可がおりたのか。許可のあった翌月には明治時代が幕を下ろすことから、《白山》は慣例地以外では最初の、そして明治最後の指定地ということになる。この「最初」と「最後」はなかば偶然であるが、そこに看過できない背景があったことも指摘しておかなくてはならない。それは、認可する側の問題、すなわちその権限を行使した警視総監の存在である。

当初、鉄五郎が願書を提出したときの警視総監は、徳島、静岡、宮城各県の知事を歴任し、第二次桂内閣の発足にあわせて就任した亀井英三郎であった。鉄五郎が提出した最初の願書を一瞥した亀井は「小石川区には如何なる理由があろうとも三業指定地を新設させぬ」といって「一蹴」し、実際、彼の任期中に許可がおりることはなかった。ところが、亀井が明治四十四（一九一一）年に貴族院議員に勅選されたあとを受け、新総監に就任した安楽兼道は、あっさりと《白山》を許可する。

『白山三業沿革史』によれば、《白山》側は許可に対する礼金を安楽本人に支払うわけにもいかず、料理屋を経営する彼の妻を通じて「八千円の報奨金を贈って、許可に対する労の片《マ》替《マ》りとした」。たくみに迂回させたとはいえ、業者側が認可権を有する警視庁のトップにリベートを贈った事実を臆面もなく当事者自らが記念誌に書き記すとは、なんとも鷹揚な時代である。

「前例」、すなわち既存の営業が認められていなかったところには許可をしない、という原則を破棄して行使された警視総監による二業・三業地指定の認可権は、この安楽総監時代の《白山》を先例に、以後、代々の総監に引き継がれる。

『縮図』に描かれた《白山》の歴史地理

近郊の比較的広い土地区画を指定したこともあろうが、《白山》は山の手の代表的な花街へと発展する。一葉の『にごりえ』からほぼ五十年後、「晩年この地に愛妓を擁し、御神灯の艶めかしい芸妓屋の二階で『縮図』を物にした」という徳田秋声は(加藤藤吉『日本花街志 第一巻』)、未完の遺作となった『縮図』のなかで、《白山》の来歴を昭和初期の風景とともに、次のように描写していた。少し長くなるが、当時の風景をよく伝えているので、いとわずに引用しておきたい。

広い道路の前は、二千坪ばかりの空地で、見番がそれを買ひ取るまでは、この花柳界が許可されるずつと前からの、可成大規模の印刷工場があり、教科書が刷られてゐた。がつたんがつたんと単調で鈍重な機械の音が、朝から晩まで続き、夜の稼業に疲れて少時間の眠を取らうとする女達を困らせてゐたのは勿論、起きてゐるものゝ神経をも苛立たせ、頭脳を痺らせてしまふのであつた。しかし工場の在る処へ、殆ど埋立地に等しい少し許りの土地を、数年かゝつて其処を地盤としてゐる有名な代議士の尽力で許可して貰ひ、かさかさした間に合はせの普請で、兎に角三業地の草分が出来たのであつた。まだ形態が整はず、組織も出来ずに、日露戦争で飛躍した経済界の発展や、都市の膨張につれて、浮き揚がつて来たものだが、自身で箱をもつて出先をまはつたやうな元老も未だ残存してゐるくらゐで、下宿住ゐの均平がぶらぶら散歩の往帰りなどに、そこを通り抜けたこともあり、田舎育ちの青年の心に、御待合といふのが何のことか腑におちないながらに、何か苦々しい感じであつた。その以前はそこは馬場で、菖蒲など咲いてゐたほど水づいてゐた。この附近に銘酒屋や矢場のあつたことは、均平もその頃薄々思ひ出せたのだが、彼も読んだことのある一葉といふ小説家が晩年をそこに過ごし、銘酒屋を題材にして『濁り江』といふ叙情的な傑作を書いたのも、其から十年も前の日清戦争の少し後のことであつた。そんな銘酒屋のなかには、この創始時代の三業に加入したものもあり、空地のほとりにあつた荷馬車屋の娘が俄作りの芸者になつたりした。

この空地にあつた工場が、印刷術と機械の進歩につれて、新に外国から買入れた機械を据ゑつけるのに、この町中では、既に工場法が許さなくなつたので、新に新市街に模範的な設備を用意して移転を開始し、土地を開放したところで、永い間の悩みも解消され、半分は分譲し、半分は遊園地の設計をすることにして、余り安くない値で買ひ取つたのであつた。日々に地が均され、瓦礫が掘出され、隅の方に国旗の棹が建てられ、樹木の蔭も深くなつて来た。こゝで幾度か出征兵士の壮行会が催され、英魂が迎へられ、焼夷弾の処置が練習され、防火の訓練が行はれた。

夜そこに入つて、樹木の間から前面の屋並みを見ると、電灯の明るい二階座敷や、障子の蔭に見える客や芸者の影、箱をかついで通る箱丁、小刻みに歩いて行く女達の姿などが、芝居の舞台や書割のやうでもあれば、花道のやうでもあつた。（徳田秋声『縮図』）

松川二郎のいう「私娼窟が漸次発達して遂に純然たる花街に変化してゆく経路」を、みごと浮き彫りにした叙述である。文中にある教科書の印刷工場は東京書籍、「馬場」とは万治二（一六五九）年に設置された「小石川馬場」（明治期は馬術の練習場）を指す。

3 大正期の地区指定

《麻布》の成立

《白山》につづいて、翌大正二（一九一三）年、《麻布》にも許可がおりる。この土地は、東武鉄道を築いたことで知られる根津嘉一郎の所有地であったが、指定の直前に分譲されていた。それゆえ当初は人家も少なく、地区の有志者三十七名が発起人となって花街の出願をしたところ、同年十月十五日に三業地として認可される。約一ヵ月後の「麻布情況」を、加藤藤吉は自身のメモ帳である『大正世相年表』のなかで次のように書き留めていた。

許可となつた麻布花街の所在地は俗に根津新道といつたところ店開きし、芸妓屋は君家、常盤家、叶家、美好家、三河家など、芸妓は源平、丸子、奴、小万、小若、高の助、一竜、久千代、牡丹など、名を聞いただけではお歴々揃い。料理店は六本木の大和田を筆頭に蕎麦の更科、牛鍋のいろは、三つ星、大正軒、むさし等。

その後、《白山》と同様にこの地も順調に発展し、震災後は麻布十番とあいまって繁華の中心となる。松川二郎は夜の花街風景を次のように描写していた。

麻布の夜の賑ひは「麻布の銀座」と云はれる十番、夜な〳〵露店が出て人波のごつた返す態は道玄坂下や新宿通りに彷彿として居る。その盛り場を外れて二の橋から仙台坂へ向つての横町を、一歩露路へ踏み込むと、所謂江一格子の二間間口に、磨ガラス丸ボヤの御神灯がズラリと並んで、問はずとも狭斜の巷であることを象徴してゐる。（松川二郎『全国花街めぐり』）

盛り場をはずれた路地奥の花街――この立地が、のちに神吉拓郎の名作「二ノ橋　柳亭」

（一九八一年）を生むことになる。

《麻布》草創期に話をもどすと、大正二年十月十五日に許可がおりたのち、間をおくことなく十一月三日には営業が開始された。すみやかな営業体制の確立の背景には、《白山》の介在があった。すなわち、「その出願方法や三業組織は、白山の形態そのままを模倣した」のである。《麻布》側の発起人に名をつらねた区会議員が、《白山》側に三業地経営の相談を持ちかけ、「業態のシステム一切」が教示されたのだという（浪江洋二編『白山三業沿革史』）。地区（再）開発の有効な手段として創設された花街の誕生である。

白山三業株式会社の創立と大正芸妓

秋本鉄五郎は三業地経営のノウハウを《麻布》に移植して独り立ちさせたあと、地元《白山》の組織改革にのりだす。大正四（一九一五）年三月十三日、白山三業組合を株式会社にあらためて自ら取締役社長に就き、次いで平十郎とともに、この経営方式を伝統ある花街の特異な部門に移植する。それは慣例地たる《葭町》のなかに現われた、私娼の置屋に対してであった。

この時期、市内では明治期以来の私娼が再び跋扈しはじめ、風俗を紊乱する営業を取り締まる警察活動も活発化していた（永井荷風「桑中喜語」）。「大正三、四年頃より一層芸能精進が欠け、『枕』を専門に座敷に出る芸者簇出せる」と指摘されるように（中村三郎『日本売春史』)、大正時代のはじまりとともに芸に精進しない「転び芸妓」が出現、彼女たちは時代の風潮を反映した芸妓とみなされて「大正芸妓」と呼ばれるようになる。花園歌子によれば、《葭町》では「不見転芸妓《みずてん》」(見ずに転ぶ芸者)を「水天宮《すいてんぐう》」(蠣殻町二丁目の神社)と称していたといい、「転ぶ」の意味を「異性の要求に従ひ商品化されたる性的機能を営む事」と説明する(『芸妓通』)。

荷風の観察眼は鋭い。

　浜町を抜けて明治座前の竈《へっつい》河岸を渡れば、芳《ママ》町組合の芸者家の間に打交りて私娼の置屋また夥しくありたり。浜町の女と区別してこれを蠣殻町といへり。蠣殻町は浜町に比ぶれば気風ぐつと下りたりとて、浜町の方にては川向の地を卑しむことあたかも新橋芸者の烏森を見下すにぞ似たりける。(「桑中喜語」)

大正五(一九一六)年五月、警視庁は「私娼の撲滅を期す」べく、取り締まりに本腰を入れはじめた(『東京朝日新聞』大正五年五月九日)。ちょうどこの時期に「千束町の大魔窟」をわざわざ視察し、大阪に私娼街を建設しようとした企業があったことについては、第四章で言及する。

「日本橋浜町蠣殻町辺に白首夥しく巣を喰ひ芸者娼妓これがために顔色なかりき」と荷風の

指摘する「白首」、すなわち私娼のあつまる葭町（蠣殻町）を管内にもつ日本橋久松署は、「私娼撲滅運動」なる取り締まりを展開し、営業停止処分を受ける「私娼の置屋」が続出していた。営業停止に追い込まれた業者たちに力を貸したのが、白山三業株式会社の秋本平十郎である。

《白山》指定の立役者の一人で、当時は府会議員となっていた大井玄洞を通じて相談を受けた平十郎は、《葭町》のなかで営業を禁じられた業者をあつめ、新しい組合の設立を画策する。東京で最古の歴史をもつとされる《葭町》のど真ん中に新組合を組織し、実質的には「新しい花街を創設」しようという構想を、既存の業者がだまってみているわけはなかった。《葭町》の芸妓屋組合を代表する者たちは、当然のことながら組合の設立を認めず、平十郎の案を断固拒否する。

それならばと平十郎は、白山三業株式会社の設立・経営ノウハウをふまえ、あえて組合というかたちをとらずに「日本橋三業株式会社」を組織し、新花街の創設を強行した。首尾よく大井玄洞が社長に、平十郎が常務取締役におさまり、同社は花街経営にのりだす。

創立当初の生々しい裏話を『白山三業沿革史』から引いておこう。

> 創立と同時に、まず第一に着手した仕事は、警察署長の追放であった。日本橋久松警察国宗署長は、一部の花柳界を弾圧する急先峰《ママ》の人で、一部の花柳界の連中は戦々競《ママ》々た

る有様で、また痛烈なる腕を揮ったものである。この久松署長を左遷しようというのだ。当時の府会議員は法的に威力を持っていた。この議員ににらまれたら署長といえども即刻クビである。政治的な裏面工作が功を奏して、警視庁で当時有名な橋爪捜査係長を署長に昇格させ、日本橋久松警察署長になった。

これはあくまで《白山》側の視点から記されたもので、誇張もあるだろう。しかしながら、業者・政治家・警察の結びつきが花街を生み出す強力な動因となったことを如実に物語る挿話である。

こうして設立された日本橋三業株式会社には志願者が殺到し、また「大正芸妓」という安直なシステムも一般に受けて、結果として葭町芸妓屋組合の経営は圧迫される。そこで組合側は、有力な府会議員を通じて株式会社の買収工作をすすめ、まず社長の大井玄洞ほか取締役を秋本平十郎から引き離し、そのうえで平十郎本人に譲渡を迫った。完全に外堀を埋められるかたちとなった平十郎は、日本橋三業に属する組合員が葭町芸妓屋組合員と同等に加入することを条件に持ち株を引き取らせ、この事件は落着する。日本橋三業株式会社の「大正芸妓」は、成立からわずか一年で《葭町》に再吸収されたのだった。

《葭町》では待合・芸妓屋・料理屋それぞれが組合を組織しており、日本橋三業の組合員は各々に配属されて平穏無事に営業をつづけたということになっているのだが（『白山三業沿革史』)、実情はちがったらしい。

吸収合併から十年以上もたったのち、松川二郎は《葭町》の特別な事情を次のように説明する。

> 蓋《けだ》し蠣殻町と芳《ママ》町とは一にして実は二、二にして実は一、芸妓屋組合は一つだが、出先《でさ》きたる料理屋と待合の組合が二つに分れて玉代が異つて居るのだから、甚だ以て異様なかたちである。これは一時蠣殻町に全盛を極めた「大正芸妓」とその出先きとが「芳町」に合併した結果で、今日は合併当時ほど両者の間に截然たる区別はなく、一二流の芸妓も或る一方の出先きを嫌つて出入しないといふやうなことは無くなつたが、それでも未だ家によつて、出入する妓品や遊びの気分に相違がないとは言はれない。(『全国花街めぐり』)

秋本平十郎が起こした日本橋三業株式会社は、後々までつづく亀裂を《葭町》にもたらした。

《大塚》・《駒込》へのノウハウの移植

《葭町》による「日本橋三業株式会社」吸収合併のほとぼりも冷めた大正七(一九一八)年

四月、巣鴨町字平松に、またしても大井玄洞らの奔走によって二業地の許可がおりる。新花街《大塚》の誕生である。元来、大塚駅前の天祖神社周辺には、いわゆるお師匠さんたちが集住し、「大塚遊芸師匠組合」を組織していた。それゆえ花街の指定を出願した者たちの間では当初、神社周辺の地区指定を期待する向きもあったようであるが、許可がおりたのは神社とは反対側のそれまで見向きもされなかった土地であった。警視庁は、寺社の周辺には二業地・三業地を指定しない、という内規を（おそらくこの時期に）定めており、その規制にかかったものと思われる。

大井の依頼を受けた秋本平十郎は、ここでも《白山》の三業組織にもとづき大塚二業組合を組織する。実際の経営は地元の料理屋の主人に任せたようであるが、《白山》のノウハウが《麻布》に次いで移植されたことにかわりはない。その後、大正十四年十一月一日には待合の許可もおり、《大塚》は三業地に発展した。

地主の策動

市電駒込神明町で下車して右に折れると、芸妓屋、待合が軒を並べて緑酒を酌む客の影が、おぼろに見越の松を越へて、円窓に映り、棲をとる仇な姿が右往左往する艶めかしい雰囲気をつくる。ここは駒込の花街、新興の花柳町である。（福西隆『東都芸妓名鑑』）

「新興の花柳町」たる《駒込》の創設も大正期だ。大正十（一九二一）年十月、地元の大地主である内海長太郎ら数名が発起人となって三業地の指定を出願し、実現にいたった。加藤藤吉は、戦後、この地区指定運動を生々しく回想した。

将来の発展を見越して地価の吊上げを謀る地主達の策動に附近の住民達はこれは大事件と驚き慌てて住民大会を開くやら、反対陳情に官庁へ訴願するやら、大騒動の一幕もあつたが、この運動に花街人も賛成し応援したのもいたのだから、相当きびしい物であつたらしく、兎もかく附近の名家といわれる大地主、内海長太郎が、衰運挽回の一大事業として企画を立てたのだから、一寸手剛い事件だ。（『日本花街志　第一巻』）

内海らの運動の結果、翌大正十一年一月十七日に指定地となり、三業の営業が許可される。これを受けて内海はすぐさま「駒込三業株式会社」を設立し、はやくも三月一日から営業を開始した。同年十一月の段階で料理屋三十二軒、待合二十一軒、そして芸妓屋が三十八軒あったというから、指定地の花街化ははやかった。

加藤藤吉は「この運動に花街人も賛成し応援したのもいた」と指摘するだけで、実名をあげることなく口を濁しているものの、内海がいちはやく株式会社を組織し営業を開始できた背景には、まさしく強力な「花街人」の存在があった。

それは、内海と面識のあった秋本平十郎にほかならない。内海は、《白山》の株式会社方式にならって「駒込三業株式会社」を設立したのである。「創業当時から、白山と駒込とは業界でも特別な関係にあった」と『白山三業沿革史』に記されるゆえんである。

4　昭和初年の「置土産」

「慣例地」の成立以降、はじめての許可地となった《白山》は、それまでの禁制を打ち破って指定されたという以上に大きな意味をもった。《白山》につづく二業・三業地の指定をめぐって、地主、業者、政治家、警察の結び付きが強まり、許可を利権化させたばかりか、花街経営が特定の地域を開発・発展させる手段となることをひろく認識させたからである。

花街の利権化の追求は、昭和二（一九二七）年に行なわれる二業地・三業地の指定において、頂点に達する。

警視総監の辞任と指定地の認可

昭和二年五月、花街をめぐるスキャンダルが表面化する。若槻礼次郎内閣の総辞職と田中義一内閣の成立にともない職を辞した前警視総監が、複数の二業地・三業地をひそかに認可していたことが明らかとなった。指定地として許可されたのは、「蒲田、大井、大崎〔五反田〕、赤羽〔王子〕、玉川、小松川〔平井〕、淀橋〔十二社〕の府下七ヶ所」であった（『東京朝日新聞』昭和二年五月六日夕刊）。

遊廓が内務省の訓令にもとづき各府県の取締規則を通じて「貸座敷」の営業地として明確に地区指定されるのに対して、待合、料理屋、芸妓屋に関する取締規則では、それぞれ所轄の警察署に営業の出願をして免許を受ければよいことになっていた。しかしながら、その運用にあたって、芸妓屋と待合・料理屋を二業ないし三業のセットにして地区を定めて営業を認める方式が《白山》以来の制度的慣習となり、しかも土地に絡む「利権屋の運動」と、それを利用する政治家の働きかけとを背景に、事実上、警視総監が直轄する専権事項となっていたのである――「東京府下に芸者屋、待合、料理屋等の遊蕩地新設許可の実権は警視総監が握つており、ほとんど例外なしに歴代の総監は続々として新設を許可して来た」のであった（『東京朝日新聞』昭和二年十一月二十六日夕刊）。

とはいえ、実際の指定となると、ことは風俗を紊乱する営業の問題であるだけに、有力者をのぞく地元の住民や学校関係者、あるいは廃娼運動をはじめとする運動団体からの反発は必至で、複数の地区が一度に指定されることはそれまでなかった。ところが、このときは「蒲田」（《蒲田新地》）、《玉川》、「淀橋」（《十二社》）、「小松川」（《平井》）の新設を許可すると同時に、《五反田》、《王子》、《大井》の拡張を認めるなど、これまでにない大規模な指定がなされたのである。警視総監が自らの任を解かれるタイミングをみはからって極秘裏に許可通知することで、大規模な指定が可能となったのだ。「前警視総監が置土産的に許可した」と指摘されるゆえんである。

《白山》の拡張と鳩山一郎

この点に関しても、浪江洋二編『白山三業沿革史』はメディアを通じて表面化することのなかった裏話を再現している。

明治四十五（一九一二）年、《白山》の指定運動で秋本鉄五郎を後押ししていた市会議員の鳩山和夫が死去したのにともない、息子の鳩山一郎が補欠選挙に立って当選する。このとき、鉄五郎の命を受けて鳩山一郎を応援したのが、当時はまだ十代の平十郎であった。鳩山一郎が大正四（一九一五）年に衆議院議員に当選したあとも二人の付き合いはつづいたらしく、大正後期のある選挙戦のさなかに次のような会話が交わされたという。

いつものように鳩山氏について各町の有志宅を訪問して「よろしくお願いします」と、挨拶廻りをやっているうちに、お昼になって秋本宅で弁当を喰べた。雑談にはいって、秋本は「かねてから出願していて認可のおりなかった」指定地拡張申請の話をした。すると鳩山氏は

「そうか、いつも世話になっている、じゃァその許可地のことは僕が引受けてあげるよ」

「そうですか、では新たに書類をこしらえます」

その場は別れた。二、三日すると鳩山邸から電話があり

「書類ができているか」

「はい、持参いたしますが」

「いや、僕がそっちへ行く」

しばらくすると自動車でやってき、一緒に書類をもって警視庁に行った。時の総監は赤池濃氏だった〔太田政弘の誤りか〕。鳩山氏は赤池氏に頼んでくれた。ところが郡部をはじめ市中でも指定地拡張の申請が数十ヵ所あって、とても簡単に許可が降りそうもない。

大正の末期から昭和初期にかけての政界は立憲政友会と憲政会の対戦の白熱下にあって、三業地の許可どころの騒ぎではない。……昭和二年四月十九日〔正しくは十七日〕、清浦〔若槻の誤りか〕内閣が倒壊し翌二十日田中内閣の誕生となった。ところが、その前日、警視庁へ呼びだしがあり、秋本は、大井玄洞氏と警視庁へ行った。すると赤池総監から指ヶ谷町一三三番地を許可する、それを富坂警察署へ伝達するから、営業出願しても許可になる、という答えだった。

四月十七日に若槻内閣が総辞職し、二十日に田中内閣が発足するまでの混乱のさなか、鉄五郎のあとを受けて白山三業株式会社の社長に就任していた平十郎にとっては念願の指定地拡張が許可されたのである。そして、発足した田中内閣には、鳩山一郎が内閣書記官長として初入閣をはたした。

《白山》の拡張と《蒲田新地》の指定

《白山》のように強力な政治的パイプをもたない地区においても、指定をめざす運動は水面下でさかんに行なわれていた。蒲田の場合についてみると、大正十（一九二一）年、地元の地主が京急蒲田駅前の八幡神社周辺に芸妓屋を設置する許可願いを出したところ、われもわれもと、たちまちのうちに蒲田周辺だけで五ヵ所もの出願があり競合する結果となった（菊地政雄編『蒲田区概観』）。しかしながら、「大正の末期から昭和初期にかけての政界は……三業地の許可どころの騒ぎでは」なかったせいか、音沙汰もなく数年がたったという。その間、地元にもたらされた「確実なる方面」からの情報により、五つも競合しているような状態では絶対に許可することはできない、という警視庁の方針が判明する。

そこで大正十三年十二月に町長が仲裁に入り、出願者との折衝を重ねた結果、「五箇所中、其筋に於て、最も適当なりと認むる処へ一箇所、許可ありたき旨」を記した願書を警視庁にあらためて提出したところ、約二年後の昭和二年四月十九日――平十郎が警視庁に呼び出された当日――に許可がおりた。許可後すみやかに区画整理がなされ、当初は検番を立てて運営していたが、昭和七年十二月に「蒲田新地株式会社」を創立し、芸妓屋二十四軒、待合二十一軒からなる小規模な花街を形成した。

地区指定の実際

以上、昭和初年の設置をめぐる警察の関わり方を示す事例をみたが、指定する警視庁側の内規としては、学校、神社、仏閣からは一定の距離があること――「慣例地」とは大きく異なるこの内規によって《大塚》と《蒲田新地》が神社とは反対の位置に指定されたものと思われる――、町内会・青年団・在郷軍人などの有力団体が反対しないこと、東京市以外の場合、一町村の人口が五万人以上で既存の指定地のないことなどが定められていたものの、それらが必ずしも遵守されたわけではない。

実際、翌昭和三（一九二八）年八月には、中野町の雑色《ぞうしき》（のちの《中野新橋》）、《池袋》、荏原町の小山（後の《西小山》）、そして立川町に二業地が新設されるが（くわえて《南千住》と《王子》の二業地が三業地に変更）、《池袋》の場合は指定地と付近の小学校の距離が二百二十メートルほどしかなく、立川の人口は二万にも満たなかった。当然、いずれの地区でも猛烈な反対運動がおこる。そうした世論を押し切ってまで地区が指定される背景には、土地をめぐる利権、それと癒着した政治家の暗躍があった。

たとえば、昭和二年の指定後には、「置土産の指定地に果然、醜聞現れ来る」と『東京朝日新聞』紙上で報道されたように、《大井》の料理店に出入りし前総監に働きかけをしていた人物が検挙されるなどの事件が報じられている（実際には前総監の名を騙っただけのようであるが）。反対運動に携わる者の一人はその当初から、「今回の指定地許可は、悪地主が地価を引き上げるために、町村の財源を豊富にするために、または営業者達が暴利をむさぼるために猛運動をやつた結果」であると、その意図を看破していた（『東京朝日新聞』昭和二年五月六日夕刊）。

また、「小松川の指定地の如きは認可になる数年前までは坪七、八円でも買手がなかつた原ツパが指定地になると同時に坪五十円から五十五円で羽が生えて飛んでゐる」、「大井なども認可になる前日二千坪から買取つて一挙に数万金をつかんだが一体どうして許可の前日にこれを知つたのか明かに警視庁あたりからもれたらしいと問題になつた」（『東京朝日新聞』昭和二年六月七日）、あるいは「蒲田などでは二万円からの運動費が出たといひ、ある者はうまく機に乗じて一万円ほどまうけたまゝ雲がくれしたものもあつた」などとも伝えられ、翌昭和三年の《池袋》の指定に際しても、「指定地のこれまでの地価は坪七十円から八十円見当だつたが指定地となつてからは一躍二百円台ととなへられ、従つてこの地域約三十坪から浮いてくる金の額はザツト約四十万円からになる、だから指定地認可の運動に五万や十万を使ふことはなんでもない訳である」と報道されている（『東京朝日新聞』昭和三年八月十八日）。

このように花街の創設は、土地の利権に絡む思惑につねに左右された。昭和三年の指定前には、府下四十七ヵ所から願書が出されたといい、その背後で「某府会議員が警視庁幹部との交渉方を一手に引受け、それに東京府選出の代議士が尻押しをし」ていたのである。

5　ウォーターフロントの花街

本章の最後に、市街地の動きとはなかば無関係に登場してきた花街を探訪しておこう。かつて大田区の沿岸には、風光明媚な地の利をいかして、いくつもの海水浴場が形成されていた。旧大森区の大森海岸と森ケ崎海岸、そして旧蒲田区の穴守神社先にあった羽田などがよく知られ、なかでも交通機関の発達とともに料理屋街としていちはやく発展したのが磐井神社前の八幡海岸、すなわちのちの花街《大森海岸》である。

もともと潮干狩りなど、季節の行楽地として知られていた八幡海岸に、地元の名望家が海水浴場を開設したのは明治二十四（一八九一）年ごろのことであった。当初は、小屋掛けの脱衣所しかない粗末な海水浴場であったというが、交通の便のよい立地条件をみて、この土地が開けていくことを予想した目利きのいい人物が、明治二十六年五月、八幡橋に隣接する

図12　《大森海岸》の料理旅館

土地に「伊勢源」という料理屋を開く。

伊勢源の開業を皮切りに、日清戦争の好景気を追い風にして、海浜部や磐井神社周辺には、「魚栄」、「松浅」、「八幡楼」などの料理屋が店を開いた。海岸に面した眺望のよい料理屋は、海水浴シーズンになると海にせり出すように「納涼台」を設けて、多くの海水浴客や涼み客をあつめる。八幡海岸は帝都近郊の行楽地として発展し、いつしか《大森海岸》と呼ばれるようになった（図12）。

海岸芸妓の登場

料理屋の開店に追随するかのごとく、この地に建ち並んでいったのが芸妓屋である。明治三十一、二年、地元の有力者数名が斡旋するかたちで、国道沿いに「三輪家」が店開きし、日露戦争後には「鯉家」（明治三十九年）、「日の出屋」（同四十年）、「初鯉家」（同四十三年）、「立花家」（同四十四年）など、のちにこの花街を代表する芸妓屋の開店があいついだ。八幡海岸ないし大森海岸の芸妓ということからだろうか、「海岸芸妓」という呼称も定着する。

昭和二（一九二七）年に鯉家を中心として「大森海岸芸妓屋組合」が組織され、同六年には料理屋・待合からなる「大森海岸二業組合」も設立された。芸妓屋五十六軒、料理屋・待合あわせて三十八軒、このほかに周辺には百をこえる飲食店が集積し、「砂風呂」を呼び物とする料理旅館もあいまって、たんなる海水浴場にはとどまらない一大娯楽地へと成長したのである（大森区編『大森区史』）。

森ケ崎鉱泉の発見

《大森海岸》の南方には、新興の《大森新地》のほかに、明治三十二（一八八九）年の鉱泉の発見によってにぎわいをみせるようなった《森ケ崎》も位置していた（大森寺境内の記念碑「森ケ崎鉱泉源泉碑」）。

明治四十四年に発行された『東京近郊名所図会　第十一巻』には、「今や好個の保養場として都人士の知る所となれり」とあり、明治四十五年の中島錦一郎編『荏原風土記稿』にも、「利を見るに敏なる人々は此処に鉱泉旅館兼料理店を開業し、京浜地方の遊人若《も》くは療養の客を送迎して居り、又鉱泉病院も開設されて居る」と紹介されていることから、鉱泉を掘り

図13　《森ケ崎》の旅館

当ててから数年後には、旅館・料理店からなる保養地としてひろく知られていたようだ。

当時、養生館、光通館、盛平館、朝日館、海月館、三好館、森浜館、寿々元館、村松館、帝国の諸館、東京庵など、割烹店を兼ねる旅館が営業しており、鉱泉病院も開業していた。《森ケ崎》は、わずか十年ほどのあいだに、鉱泉旅館街へと急成長していたのである（図13）。大正三（一九一四）年一月、古株の盛平館を中心に「森ケ崎料理旅館組合」が設立される。

大正十一（一九二二）年には「森ケ崎芸妓屋組合」も成立したことで、料理旅館と芸妓屋という、当時としてはめずらしい二業地となった。

文人たちの隠れ家

森ケ崎は、都会の煙塵をさけて、一日の清遊を試みるといふよりは、享楽地といふに近い。一時は、文士たちがこゝに立籠つて、創作に耽つたものであるが、私たちが大金あたりで会をした頃は、自動車はないし、遠いので、帰りがたいへんだつた。一風呂あびてから、海にのぞんだ楼上で、盃をあげると、房総の山々は、夕日のなかに煙つて、池上の丘の上に浮ぶ富士の姿がよかつたのをおぼえてゐる。(白石實三『大東京遊覧地誌』)

鉱泉の発見から花街へと発展した《森ケ崎》を、文士たちはこぞって訪れた。『東都芸妓名鑑』にも、「近頃小説家等、行つて構想を練る人も多いと聞く。東京のお夕飯済んでから、浮世離れて恋を語るにもふさわしく、鉱泉にひたつて数日の労を慰するに足るもの、東京郊外随一である」とある。

実際、永井荷風はこの地の料理旅館を『腕くらべ』(大正五―六年)の一場面で描き、また「料理屋兼旅館のひとつ『大金』には、いまは亡き芥川竜之介、久米正雄、堺利彦、十一谷義三郎、近松秋江、徳田秋声、広津和郎、尾崎士郎、そのほかいまもなお〔昭和四十六年の時点で〕活躍している丹羽文雄、尾崎一雄、徳川夢声などの人びとが、執筆のためか、あるいは一夜の清遊にやってきた」という（染谷孝哉『大田文学地図』）。東京湾を一望する海浜型リゾートにして、文士好みの隠れ家的鉱泉旅館街といったところか。

なかでも、この街をこよなく愛し、享楽地への変貌を書きとめたのが、先にも名前の出ていた尾崎士郎であった。

尾崎士郎の述懐

尾崎の『京浜国道』（昭和三十二年）には、彼自身の交遊の背景として、品川から横浜にいたる東京湾岸の花街が描かれ、ある種の風俗文学としても読むことができる。「寿々元」に泊まり込んだ経験を持つ尾崎は、戦後、愛惜の念をこめて《森ケ崎》を回想した。

…〔前略〕…銀座裏の酒場やダンスホールから、あふれだした客が女給をつれて、やってくる場所は鈴ケ森の砂風呂か、海づたいに左に一里ほどそれた埋立地に、一廓をつくりあげている森ケ崎ときまっていた。

都心をはなれた森ケ崎は、海にそって防波堤があり、その前に大きな養魚場があった。周囲はことごとくポプラの林にかこまれて、五十軒にあまる鉱泉旅館が堂々たる構えをつらねている。ここに住む芸妓の名前も一種独特で、「メロン」とか「ヨット」とかいう奇妙な源氏名が多かったが、何となく野趣をおびた生活が土地の環境とぴったり結びついているせいでもあろう。ここまでくると、「ヨット」も「メロン」も若々しく、海風にあおられるポプラの林の中にうねうねとつづく小径を、客の男と手を携えながら忍び歩きしている彼女たちの姿を私は今でもありありと思いだすことが出来る。ああ、十年一覚すれば、ことごとくこれ楊《ママ》州の夢である。

大森海岸一帯で大規模な埋め立て工事が進行し、漁村にかわる新しい街ができ、いつのまにか鉱泉旅館街へと変じたのが大正初年、その頃はどの家にも釣り堀があり、釣り客向けの宿の域を出なかった、というのが尾崎のみた《森ケ崎》の成り立ちである。

それが、「つれ込み専門の鉱泉街になったのは、関東大震災の直後」で、その頃になると「もう釣り堀専門ではなく、雑木の繁みから風をつたって三味線の爪弾きの音が聞えてきたり、竹藪の中のほそ道から湯道具を抱えた若い芸妓のなまめかしい姿がちらちらとうかびあがるようになった」。《森ケ崎》が「時代の表面にうかびあがってきた」背景には、大森海岸の砂風呂で遊びあきた男たちが河岸を変えて手軽に飲みなおすことができるという評判がたったからであるという。砂風呂とは、これもまた「つれ込み宿」、すなわち「東京から女づれでやってくる遠来の客を迎えるための『温泉マーク』の一種」であり、彼もまたこの砂風呂を利用していた。「♨」（通称「サカサクラゲ」）であるとはいえ、いずれも料理屋を兼ねる旅館で、「粋人雅客の休養場として、ことに浅酌低唱に好適」であった（『大森区史』）。

しかし、大正十一（一九二二）年五月三十一日をもって新規の出願が認められなくなったことから、じょじょに料理屋などへと変わり、昭和十（一九三五）年をすぎる頃にはその姿を消していた。《森ケ崎》の芸妓屋が同じ大正十一年五月に許可されたことを考えると、なんらかの風俗警察的思惑が作用していたにちがいない。

《森ケ崎》の発展要因は、それだけではなかった。尾崎は、震災後に復興院総裁であった後藤新平が京浜国道を開通させたことも大きかったと指摘する。人力車に代わる「円タク」の隆盛もあいまって、十数軒の宿も「たちまち五十軒以上にふえ、この土地特有の鉱泉芸妓の存在が時代的な色調の中に生彩を発揮」しはじめた。

彼の記憶するところでは、「この森ケ崎が、もっとも殷盛を極めたのは太平洋戦争の勃発する数年前」である。当時、組合に所属する料理旅館は十三軒、八軒の芸妓屋に二十八人の芸妓が抱えられていたので、「五十軒以上」という尾崎の表現は誇張にすぎるかもしれない。芸妓の源氏名も初江、おはん、富次といたって普通で、「ヨット」や「メロン」などといったカタカナ名はみられなかった。

M旅館の謎

話をいったん《大森海岸》にもどそう。経済学者にして古典芸能にも精通した高橋誠一郎は、自身の随筆集『大磯箚記《おおいそさっき》』に「大森海岸」と題する文章を収めている。

書き出しは、こうだ。

私は明治四十四年、欧州留学中に病を得て、大正元年日本に帰り、湘南の各地を転々して病養に専念して居つたのであるが、翌々三年の春、母校の理財科及び法科で一週五時間の講義を担任することになつたので、伊豆の温泉場や相模の海岸から汽車で通ふのも臆劫だし、さればと云つて、埃りつぽい東京の空気の中に棲むのも嫌やだし、と云ふ訳で、大森海岸のM旅館の一室を借りることにした。

まだ此の海岸が埋め立てられる前のことで、私の借りた座敷の縁下には、ぢゃぼん、ぢゃぼんと波が打つてゐた。此の辺の旅館は、どこも皆んな料理屋兼業である。従つて芸者のはいることもある。（高橋誠一郎「大森海岸」）

大正三（一九一四）年春の「病養」をきっかけに、その後四半世紀にわたって接点をもつことになるM旅館の盛衰を、高橋は経営者親子の二代にわたる物語として書き綴る。芸妓の出先となる料理旅館を舞台としているだけに、まるで定点観測でもするかのように、当時の花柳街の一端が垣間みられて興味ぶかい。

その内容以上にわたしの関心をこの文章に惹きつけさせたのは、ドイツ文学者・種村季弘の随筆「森ヶ崎鉱泉探訪記」だ。というのも、氏が森ケ崎を探訪する出発点となったのが、まさにこの高橋の随筆「大森海岸」だったからである。

> 浮世絵研究家の高橋誠一郎（当時慶応義塾経済学部教授）が大森海岸のM旅館で長逗留していた折の随筆を読んでいたら、どうも森ヶ崎と思しい土地が出てきた。正確な地名は伏せられて「大森の花柳界」とだけあるが、まず十中八九森ヶ崎の二業地のことだと思われる。（種村季弘『江戸東京《奇想》徘徊記』）

「正確な地名は伏せられて『大森の花柳界』とだけある……」というのは誤りで、高橋自身は「大森海岸の花柳界」と明示している。また、タイトルに使われている「大森海岸」は、当時一般に知られた海水浴場の名称であり、三業の正式な組合名称、つまり花街名でもあった。

種村は、なぜ「大森海岸」の舞台を「十中八九森ヶ崎の二業地」と推定したのだろうか。明確な根拠は示されていない。氏は十中八九と信じて《森ケ崎》を探訪するものの、わたし自身は随筆に描かれた「大森海岸」を《大森海岸》そのものと考えている。わたしなりの根拠をいくつか示してみよう。

まず、高橋自身が「大森海岸」と明示していることである。当時、「大森海岸の花柳界」といえば、《大森海岸》の三業を指したことは疑いえない。次いで、高橋はMに芸妓が入るものの「土地の芸者は断じて泊ることを許されなかつた」としている。これは大正初期のことで、その頃はまだ《森ケ崎》に芸妓はいなかった。

さらに、高橋は「特別の目的をもつた客や芸者は、皆んな、早くここを切り上げて鈴ケ森辺の砂風呂へしけこんだ」と言葉を足す。「特別の目的」をもった男女が、京浜電車沿線の鈴ヶ森・浜川・立会川方面に建ち並ぶ連れ込み宿の原型ともいうべき「砂風呂」に移動することを考えると、《大森海岸》の方が格段に便利であろう。また、尾崎士郎も指摘していたように、京浜国道沿線の砂風呂に取って代わるように隆盛したのが、《森ケ崎》の鉱泉旅館であった。《森ケ崎》から鈴ヶ森の砂風呂に、わざわざ河岸を変える必要などあるまい。

高橋はこうも述べている。「最も足しげく此の家を訪れる景気のいい嫖客は、畑や田圃を宅地に売った馬込辺の百姓達であった」、と。たしかに作家たちは、わざわざ馬込の「文士村」から創作のために《森ケ崎》を訪れていた。けれども、土地の農家の旦那たちまでもが遠出をしただろうか。すぐ目の前に花街があるというのに……。

もうひとつ、決定的な根拠となるのは、関東大震災で自宅を焼失した高橋が「再び大森辺の宿屋」を求めた際、彼はまず大森海岸を山手に入った「望水楼ホテル」にあたりをつけていることである（「望水楼」は「望翠楼」の誤りか）。客室四十室、全室に風呂と便所を備えた「一切純洋式」のホテルゆえ、すでに「横浜の焼け出され外人でいツぱい」であったことから、しかたなく彼は「海岸のむかしの宿へ照会」し、七年ぶりにMに落ち着くところとなった。「望翠楼」とMの位置関係に関する高橋の記述は、《森ケ崎》ではなく《大森海岸》を指していると思われる。

海岸の料理旅館

高橋が訪れた当初（つまり大正三年の春に）は、「まだ此の海岸が埋め立てられる前のことで、私の借りた座敷の縁下には、ぢゃぼん、ぢゃぼんと波が打つてゐた」。それから二十五年をすぎる頃には埋め立てが進んで、海岸に面した料亭の「縁側へ出ても、もう、石垣を打つ小波の音は聴かれなかつた」というほどに変貌する。変わったのは、なにも海岸ばかりではない。

高橋は冒頭で「M旅館」と実名を伏せ、「此の辺の旅館は、どこも皆んな料理屋兼業」であるとし、芸妓が入ることを強調する。さらに、「大森海岸の料理旅籠屋」、「料理屋兼旅館」と言い方を少しずつ変え、最終的には「土地一流の料理店」と位置づけるにいたった。七年ぶりにMを訪れた彼は、昔の面影をすっかりなくした建物の「立派さに驚かされ」つつ、「部屋数も三倍位にはふえたであらう」とみる。

それから十六年後に訪れた際には、「座敷の数は前よりもまたふえ」、「景気は素晴らしく」よかった。大正・昭和戦前期を通じて、かつての面影をとどめないほどにMは料理旅館として大規模化していく様子がうかがわれる。

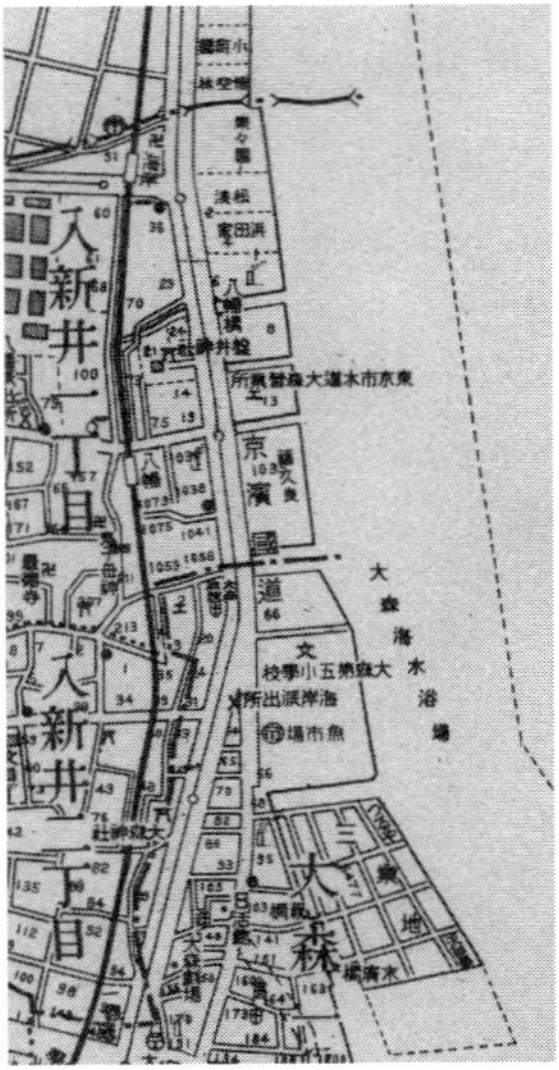

図14 《大井海岸》と《大森海岸》

かつて、品川区南端の三業地《大井海岸》から《大森海岸》にかけては、著名な料亭が建ち並んでいた。**図14**からもわかるように、《大森海岸》と《大井》とはひとつらなりの花街とみなしてよい（松川二郎「大東京五十六花街」）。小町園・悟空林は《大井海岸》の代表的な料亭であり、戦時中は海軍の寮に転用され、空襲の被害をまぬかれたことから、戦後は進駐軍向けの慰安所に指定される。昭和十年に開業した悟空林は、敷地いっぱいに建てられた一部三階建て四棟の建物に、客室・広間・ホールなどが約二十室あり、その複雑な間仕切りによって、廊下はまるで迷路のようであった（『朝日新聞』昭和四十四年十二月十一日）。これもまた、M旅館のごとく、増築に増築をかさねた結果だったのだろう。

土地の記憶

わたしが羽田空港から《穴守》、《森ケ崎》、《大森新地》と歩き継いで、はじめて《大森海

図15　《大森海岸》の木造建築（2002年8月4日）

岸》を訪れたとき、巨大な木造建築が目に飛び込んできた（図15）。この建物が、M旅館はまちがいなく《大森海岸》にあったという、なかば確信めいたものをわたしにいだかせたのである。いびつな三層構造は、時期をたがえて建て増ししたことを物語る。

かつての料理屋とおぼしきその建物は、マンションに埋もれるようにたたずんでいた。《大森海岸》の栄華をつたえる最後の残照などと思いながら、あらためて新聞記事を検索してみると、とても興味ぶかい記事がヒットした。

「消える海辺の名物料亭」　大田区の大森海岸にアサクサノリをとる篊《ひび》が立ち並んでいた昭和の初めに建てられ

図16　磐井神社の境内にて（2007年8月21日）

た、海べりの料亭「福久良」（大森本町一丁目）が改装のため取り壊されている。江戸前のカニの料理が売りものだったが、何しろ造りが古く、冷暖房のききも、もうひとつ。来年秋には、ホテル兼料亭の近代ビルに生まれ変わる。大森海岸料亭街の古い町並みも、これでほとんどなくなった。（『朝日新聞』昭和五十八年六月十二日東京二三区版）

昭和十二（一九三七）年ごろに建築されたというこの料亭は、「木造建築としては相当大きく、二階建て（一部三階）で約二千五百九十平方メートルもあって、大森海岸の料亭街の中でも威容を誇っていた」という。その「福久良」が取り壊されたことで、料亭の建ち並ぶ《大森海岸》の面影はすっかりなくなった。

それから二十年あまり、福久良や悟空林のような規模はないにせよ、写真にある古い建物ひとりがこの街の来し方を語っていたことになる。それも、二年後（二〇〇四年）に訪れたときには跡形もなく消えていた。とはいえ、国道十五号をはさんだ《大森海岸》の向かいに鎮座する磐井神社を訪れてみると、そこには花街の記憶をとどめる名が刻まれている（図16）。

第四章　近代大阪における新地開発

1　岸本水府の花街案内

川柳作家の岸本水府が、自ら率いた「番傘」同人の川柳を随所におりまぜながら、京阪神の盛り場を案内するガイドブックを執筆していたことはあまり知られていない。その「京阪神盛り場風景」のなかで、水府は「近松以来情緒纏綿たる氛囲気を蓄積して来た大阪の遊廓だから、本書としても、これに若干の頁を費すのが妥当であらう」と述べて、「大阪の花街」に一章を割いている。彼は「無粋」であると断りを入れつつ、「大阪に散在する遊廓」を列挙してみせた（**表5**）。

これら九つの花街のいくつかを、水府は次のように整理している。

新町は芸妓と娼妓の二部があり、娼妓にも「送り込み」と「てらし」の二部に分れてゐるし、堀江と南地は芸妓と「送り込み」娼妓だけで「てらし」娼妓はなく、松島と飛田は「てらし」専門で、その他は芸妓専門といふ風に区別されてゐる。

　芸妓の方は別段説明の要はないが、娼妓に「送り込み」と「てらし」の別があるのは「送り込み」といふのは芸妓と同様に、平常は家形にゐて、客の招聘に応じて茶屋へ出かけて行く種類のもので「てらし」とは妓楼に住み自分の部屋を与へられてゐて、客の方から出向いて来る種類のものである。

表5　岸本水府の列挙する大阪花街

名　称	創設年代	茶屋軒数	芸娼妓数
新町遊廓	元和・寛永頃	166	900
堀江遊廓	宝永年間	156	500
曽根崎新地組合	天和年間	161	530
南地五花街	徳川末期頃	500	2100
松島遊廓	明治初年	257	3500
飛田遊廓	大正初年	230	2800
住吉同盟組合	大正10年	130	380
南陽組合	大正11年	172	500
今里新地組合	昭和 4 年	100	280

　彼が「大阪の花街」と題する項目で「大阪の遊廓」と呼んで案内する背景には、第一章でもみた大阪や京都をはじめとする上方独得の慣習ないし制度がある。筆頭にあげられた《新町》の廓内は、娼妓を主とする東側と芸妓を主とする西側とに分化していた（**図17**）。その東側にあっても、娼妓の「送り込み」を主としながら、「居稼《てらし》」専門の茶屋が建ち並ぶ、「吉原」と俗称される一画もあった。

　当時、《堀江》と《南地》は「送り込み」

図17　《新町》の廓内風景

制であるのに対して、《松島》と《飛田》は「居稼専門」の貸座敷が軒を連ねるまったき遊廓である。

水府は、この二つをのぞくその他の花街を「芸妓の遊廓」と位置づけるのだが、それは芸妓を主としながらも娼妓を共在させる遊廓が、大阪や京都では一般的であったからにほかならない。江戸期以来の歴史を有する《新町》・《堀江》・《曽根崎》・《南地》が通常の「芸妓の遊廓」であるのに対して、《松島》・《飛田》は近代的な遊廓であり、さらに大正後期から昭和初期にかけて新しく設置された、新世界の《南陽新地》、住吉公園近傍の《住吉新地》、《今里新地》、そして《港新地》は、旧来の花街とはまったく異なる近郊開発（新地）型の近代花街と位置づけることができる。

つまり、「芸妓の遊廓」、近代遊廓、そして新地という大阪花街の三類型は、おおむね成立時期に対応するものとみてよい。明治から大正期にかけて「芸妓の遊廓」における芸妓と娼妓の分離がすすむ一方、娼妓を主とする「居稼」の遊廓、さらには芸妓のみの二業地があいついで成立する。

この近代大阪の花街史において一大転機をなしたのが《飛田》の成立をめぐる一連の動向であるのだが、まずはその前史を概観しておこう。

2　江戸から明治へ

「遊所」の再編と《松島》への統合

時代が江戸から明治へと移り変わるとき、都市統治にたずさわる者たちがまず着手したのは、市街地の改造であった。改造といっても、体系的な都市計画が確立される以前のことであるから、施設の移転と整理を中心に、市街地を部分的に改変することで、都市の空間全般を整備しようとした。そのために大阪府は、維新後の数年間、既成市街地に散在するさまざまな施設の取り払いや移転を命じる府令を集中的に発布する。興味ぶかいことに、それら府令にみられる市街地改造の標的は、街路整備とともに、「悪所」に定められていた。

たとえば、「茶屋置屋業株許可ノ件」（明治二年八月）、「遊所ノ限定並ニ二十分一税徴収ノ件」（明治四年三月）、「泊茶屋営業ノ禁止及移転ノ件」（明治四年十月）、「芝居興行許可ノ件」（明治五年四月）は、それぞれ「泊茶屋」、「遊所」、「芝居興行」をいったんは課税の対象とすることで、その所在地を具体的に認定する。その後、「八ケ所ノ芝居興行禁止ノ件」（明治五年八月）、「所定箇所以外ノ遊所禁止ノ件」（明治五年十月）で、「芝居興行」と「泊茶屋」に対して、既存の場所における営業を禁ずる一方、《松島》へ移転した場合にかぎり営業の継続を許可し、同じく「遊所」に対しても新規の営業を禁止して《松島》への移転を促したのである。《松島》に移転しないかぎり営業を継続することができないわけで、府のねらいはまさに「泊茶屋」や「芝居小屋」を整理し、「悪所」を統合することにあった。「遊所ノ限定並ニ二十分一税徴収ノ件」によって「制限」された「遊所」とは、「妓娼」を集める花街、すなわち東京の「岡場所」に相当する小規模な遊廓である。明治五年十月、大阪府は「所定箇所以外ノ遊所禁止ノ件」をもって、「遊所」の許可地を明確に限定する。「所定箇所」として認定されたのは、宗右衛門町をはじめとする《南地五花街》、《新町》、《堀江》、《松島》、《曽根崎》、さらには安治川の河畔に位置する《新堀》と、いずれも近代大阪を代表する花街である。安治川の《新堀》が明治二十九（一八九六）年に廃止となるのを例外として、「所定箇所」として認定された花街は明治期を通じて存続した。

では逆に、この府令によって営業を禁じられたのは、どの「遊所」であったのか。「遊所ノ限定並ニ二十分一税徴収ノ件」と「所定箇所以外ノ遊所禁止ノ件」に先がけて発布された

「茶屋置屋業株許可ノ件」において、「株」（営業）が許可されたのは以下のとおりである。

西高津新地六丁目　本町橋詰　玉木町　新瓦屋町　古川二丁目
徳井町　西高津村　馬場先町　北平野町一丁目　北平野町六丁目　北平野町七丁目
天王寺村中小路町　曽根崎村　北野村　上福島村　吉右衛門肝煎地

ここに書き上げられた場所は当時すでに市街地化していたとはいえ、いずれも旧市街地のほぼ周縁部にあたっている。これらの場所では、「種々名目ヲ拵候得共、全ク茶屋揚屋遊女屋渡世致候テ、芸子遊女体ノ者日々相増」というように、営業の名目は好き勝手につけているものの、なかみは「遊女屋」となんら変わりなく、最近とみに芸妓や遊女の身なりをした者たちが増えている、と指摘される。

ところが、それから二年後に発布された「泊茶屋営業ノ禁止及移転ノ件」では、「茶屋置屋業株許可ノ件」で営業の存続が認められた十六ヵ所以外に「北平野町七丁目、天満天神社地、生玉社地、湊町、幸町二丁目、幸町五丁目、崎吉町」をくわえた計二十三ヵ所における「泊茶屋」の営業が、わずか一ヵ月の期限をもって禁止された。そして、但し書きには「これまでの稼業を続けたい者は、出願次第、松島への移転を許可する」とあり、「古川二丁目」にいたっては、有無をいわさず《松島》への移転が決定された。

図18　《松島》の廓内風景

すでにみたように、その後に発布される「所定箇所以外ノ遊所禁止ノ件」では、《南地五花街》、《新町》、《堀江》、《松島》、《曽根崎》、《新堀》以外の「遊所」が禁止されている。そしてそこにもまた、「泊茶屋や席貸などの営業を続けたい者が松島へ移転するのは勝手である」という但し書きがあった。

このようにみてくれば明らかなとおり、《松島》は大阪の開港に際して創設された近代最初の遊廓であるものの、その実体は江戸時代以来市街地に散在していた「泊茶屋」をふくむ「遊所」を整理し統合する役目を担う空間だったのである（**図18**）。

空白の五十年

《新町》、《堀江》、《曽根崎》、《南地五花街》、《松島》は、明治初年の再編を経て存続した花街である。明治十年代以降、《新堀》の廃止をのぞけば花街をめぐる動向は沈静化していたものの、都市計画的な観点から移転をめぐる議論は絶えることがなく、とくに明治二十年代には、実現しなかったとはいえ、市街地に散在する花街を市外に移転（時には新設）する案がたびたび提出されていた。こうした明治中期の動向は、表向きには都市計画の観点を装っていたものの、実際には土地開発や地価の高騰を目的とした地主による発案であり、花街をめぐるそうした思惑は、明治末年以降に現実味をおびて動き出す。

とはいえ、東京の「岡場所」に相当する泊茶屋街（小遊廓）が廃止に追い込まれた事実をふまえると、大阪は風俗を紊乱する営業の取り締まりにおいては先進的な都市であったといえるかもしれない。実際、東京をはじめとする都市では続々と新しい花街が成立した一方、大阪では江戸時代の残滓たる泊茶屋を整理して《松島》に囲い込んでからおよそ五十年間にわたり花街の新設をみることはなかったのだ。

3　新遊廓《飛田》の誕生

《曽根崎新地》の芸娼分離

近代大阪の花街をめぐる問題は、東京と歩調をあわせるかのごとく、明治末期から大正期にかけて大きな転機をむかえる。その発端は、市街地の北部に大きな被害をもたらした明治四十二（一九〇九）年七月三十一日の火災であった。この「北の大火」によって、大阪駅の南に位置し、現在も夜の繁華街として知られる《北新地》（曽根崎遊廓）をふくむ一帯が焼失したことから、遊廓の復興をめぐる問題が世間の耳目を集めた。

火災後、複数回にわたり催された市民集会では、遊廓を移転させることが声高に主張された。廃娼運動のもりあがっていた時期のことであり、即座の廃娼よりは実現の見込みの高い移転が訴えられたのである。府の決定は当の市民を驚かせた。遊廓は廃止、廃娼が実現したのである。

ひとつ注意しておくべきは、芸妓までもが禁じられたわけではないことだ。松川二郎が「もとは本廓であつたが、例の大火後娼妓扱席は全部他の廓へ移転を強要されて、今日は全くの町芸妓街」になったと指摘するように（『全国花街めぐり』）、芸娼混合遊廓の跡地に再建されたのは、永楽席（六十二）、津川席（二十六）、寿席（四十四）、平田席（百五十九）、大西屋（百七十五）、古澤席（百二十八）、いてふ席（二十八）、伊勢屋席（三十四）、魚住席（十三）という九軒の「芸妓取扱席」（括弧内は芸妓数）、そして百軒を超える「貸席《おちゃや》」からなる花街《北新地》であった（豊島康世編『花柳界便覧　萬華　大阪版』）。

大阪において芸妓と娼妓を制度的に切り離す最初の出来事となったわけであるが、市民が「移転」を唱えていたころ、この運動に便乗する地主が随所にあらわれ、場合によっては廃娼の決定後にいたるまで、市域周縁の自らの地所へ遊廓を誘致しようと、移転先の候補地として名のりをあげていたことを見落とすべきではない。遊廓の移転によって土地の用途転換をはかり、所有する土地の値段をつりあげようと目論む地主が、あちらこちらにあらわれていたのである。土地の開発・発展・繁栄という明確な目的を有した「新地」の開発計画が、具体化しはじめた。

《飛田》誕生の下地は、十分に整っていた。

遊廓移転の風評

遊楽館をはじめ東へ難波新地三、四、五番町の全部は俗に居稼店《てらし》と称する貸座敷にして娼妓の数は二千以上あり悲鳴を揚げて二階、三階、四階の部屋より褻衣《ねまき》の儘《まま》にて飛び出すものなど、襠《かけ》の儘長煙管を持ちて飛出すものなど千態万様にて大騒動を演じたるが多くは浪花座、南地五花街事務所および南海鉄道難波駅前の電車軌道附近に避難したるが市内の者は大抵実家に逃げ帰りしもの、如し午後になりて娼妓多勢新川附近の素人家の二階を借り多きは一戸に数十人の女を詰込み下通る客を呼び止めて御馳走をねだりゐるものなどあり中にも気早き楼主は逸早く松島廓の貸座敷に渡りをつけて一時移転の手続きして直様《すぐさま》営業に取掛らんとするもの多し（『大阪朝日新聞』明治四十五年一月十七日）

明治四十五（一九一二）年一月十六日未明、難波新地四番町の一角にある「居稼店《てらしみせ》」から出た火は、「烈風」にあおられてまたたくまに近隣に焼けひろがり、隣接する大阪の代表的な盛り場「千日前」をも焼失させて、十一時間以上にわたり付近一帯を焼き尽くした。この「南の大火」は、その火元となった花街の難波新地に甚大な被害をおよぼし、《北新地》につづいて遊廓の移転ないし廃止をめぐる議論が、業者・府・市民のあいだにまきおこる。

火災の直後から、難波新地の貸座敷業者を市街地南部の阿倍野に移転させて新しい遊廓を開設するという「風説」がおこり、周辺に土地を有する土地建物会社の株が暴騰したこともあった。「土地建物会社」とは、土地を整地して住宅を提供する、あるいは運河の開鑿《かいさく》などを目的とすることを建前に、じつのところは「欲深い地主が土地を持ち寄つて結束し、大資本の結合力によつて地価を昂騰せしめ、比較的短時日の間にボロい儲けをしやう」とする企業にほかならない（東洋経済新報社編『関西　百七十会社の解剖』）。

結局のところ、新遊廓の開設は風説のままにおわり、《北新地》と同じく難波新地の貸座敷も廃止が決定される。ところが、それから四年後、事態は大きく動く。

遊廓新設の論点

昨十五日突然大阪府告示百七号を以て貸座敷免許地として指定されたる府下東成郡天王

寺村大字天王寺東松田西松田、稲谷、堺田の各一部二万坪、即ち通称飛田は嘗て明治四十四年一月難波新地遊廓が、南区大火の一炬に付されし際、其筋は同所に貸座敷の再置を許さずとの事に、失業せし同業者は元より当時土地熱の旺《さかん》なりし折とて、株屋其他の所謂事業家達が、先づ以て此飛田を移転地として着目し、猛烈なる暗中飛躍を行ひし処にて、五年前の其頃阿倍野墓地と南陽館を南北に控へたのみにて、全くつまらなさうな同所の地価が連日暴騰し、界隈の土地ブローカー連得たり賢しと此処をうろつき、天王寺の登記所と村役場は帳簿の閲覧者で埋まった位の大景気なりしが、府当局はてんやわんやの連の悪運動を怖れて全然移転請願に取り合はず断乎として運動の不可能を覚らしめたる…〔略〕…。然るに今度愈々《いよいよ》遊廓地と指定されたるにより、本日の如きは難波新地の焼出され連達、我先きに恰好の処を相して地の利を占めんと巻尺に間竿《けんざお》を携へてうろつき廻るあり、例の土地ブローカー連も早速出張して村役場の土地台帳いぢりに此一帯ざわめき渡りて…〔略〕…。（『大阪毎日新聞』大正五年四月十六日夕刊）

大正五（一九一六）年四月十五日、大阪府は突如として「貸座敷」の営業を許可する地区として、府下東成郡天王寺村の地所約二万坪にわたる通称「飛田」を指定した（図19）。四年前の「南の大火」直後に風説にのぼった「阿倍野」の一角とは、この「飛田」が想定されていたらしい。

図19　《飛田》の免許指定地

府側の説明によると、新たに遊廓を開設する理由は以下のとおりである（飛田遊廓設置反対同盟会『飛田遊廓反対意見』）。

一　飛田遊廓は、明治四十五年一月の火災によって廃止となった難波新地の遊廓の代替地であり、罹災した貸座敷業者のために他に土地を選んであたえようとした当時の警察部長の厚意を代々引き継ぎ、ようやくそれを実現するものである。

二　失業した元貸座敷業者は、代替地がいつあたえられるのかと待ち望んでおり、ことあるごとに陳情をしてきた。この点において、今回の指定は元業者の救済をも意味している。

三　大阪の遊廓は市街地に散在してお

り、それらの立地は決して適当というわけではない。したがって、機会を待ち、漸次移転させる方針である。難波新地の焼失区域は七千坪、飛田の指定地は約二万坪であるから、そのうちの七千坪は元業者にあてがい、残りの約一万三千坪はほかの遊廓から移転を希望するもの、あるいは火災などがおこった場合の移転用地として確保しておくものである。すなわち、今回の指定は、市街地の遊廓の整理統合に資するものである。

四　付近にある新世界は、東京の浅草のような「大魔窟」であり、これまでそこに巣食う「私娼」を取り締まることは非常に難しかった。飛田に「公娼」を置くことによって「私娼」を制限することも目的のひとつである。

五　四年も経た後に今回指定するにいたったのは、火災直後は政治家、土地投機を目論む者、その他に遊廓新設を目論む者が暗躍していたからであり、そのような弊害がなくなるのを待っていたのである。

この説明によると、《飛田》の新設は、「南の大火」で焼け出された貸座敷業者の救済、市内に散在する遊廓の整理統合、そして私娼の排除が目的とされている。これに対し、遊廓の新設に反対して組織された「飛田遊廓設置反対同盟会」は、「然れども是等の理由なるものも実は寧ろ世論の反対に対して組み立てられたものと見るを至当とし、事実の真相は土地投

図20 《飛田》の廓内風景

機業者に駆られて、大阪市民を犠牲とするに至つたものである事は、既に全く明瞭となつて了つて居る」と看破したのだった。

反対運動はもりあがりをみせたものの実を結ぶことはなく、大正七(一九一八)年十二月二十九日、一部貸座敷の開業をもって《飛田》は開廓した(図20)。

土地建物会社の経営

《飛田》を経営したのは、当初は開発のために組織された阪南土地会社であった。大正十五(一九二六)年六月に同社は大阪土地建物会社と対等条件で合併し、《飛田遊廓》の家屋賃貸経営は大阪土地建物会社に引き継がれる。明治四十四(一九一一)年に設立された大阪土地建物は、土地を開発し建物を建てて賃貸する会社である。第五回内国勧業博覧会の会場跡地を再開発した「新世界」に、劇場・寄席・料理店・旅館などを建設、これらを賃貸あるいは自社で経営したことで知られていた。

営業はすこぶる多岐にわたつている。飛田遊廓の土地並びに建物を賃貸するほか、東区の本野町、舟橋町、下味原などにも地所、家屋を持ち、新世界においても家屋の分譲をやつている。また通天閣の経営もやれば、有価証券投資や、資金の賃貸などにも手をのばしてきた。がしかし、飛田遊廓地帯の経営を除けば、いずれも一向ふるわなくなつてきた。当社近時の業績が…〔略〕…不振に赴いた原因はここにある。

すなわち賃貸料を除けば建物の売却金はいうまでもなく、賃貸金利息、所有有価証券配当金などを含む雑収入も恐ろしく減少してきた。もつとも通天閣だけはいまだどうにか収入減を免れているが、その金額は知れたものだ。而して賃貸料のみがかく漸増してきたのは、その大部分を占める飛田遊廓地の賃貸収入が、不況にもかかわらず次第に増えてくる結果であつて、他の土地会社にはまつたく見られぬ現象だ。（東洋経済新報社編『会社かゞみ　昭和六年版』）

この評論によると、同社の経営は必ずしも順調でなく、不振におちいるなかで入手した《飛田》の土地・建物だけが、大きな収益をあげる優良資産であった。《飛田》では間口に応じた「権利金」がえられるばかりか、旧来の貸家も新築の貸家も希望者が絶えることはなく、空家となる心配がほとんどなかったのである。

大阪土地建物の経営する貸座敷数の変遷をみると、大正九（一九二〇）年末に百二十一軒と倍増、大正十三年末に百六十六軒、そして昭和八（一九三三）年以降は二百三十四軒のまま推移する。昭和十五年前後に発行されたとおぼしき「飛田遊廓貸座敷業者一覧表」には、二百三十四軒の妓楼名にくわえて、「飛田診療院」、「飛田遊廓組合事務所」、「庭球倶楽部コート」などの施設も記載されていた。

大正後期の新地開発

《飛田》の設置につづいて、大正十一（一九二二）年五月には、市域南部の住吉公園と新世界とに、芸妓居住地が指定される。前者は住吉神社の参詣者でにぎわいをみせてきた住吉公園、後者は明治三十六（一九〇三）年に開催された内国勧業博覧会の会場跡を再開発して一大娯楽街へと発展した新世界であるだけに、居住地指定の素地はすでにできあがっていたのかもしれない。だが、《飛田》を手中におさめた大阪土地建物が新世界を経営していたことを考えるならば、この指定は看過しがたいものとなる。

実際、大阪土地建物は用意周到であった。同社の社史ともいうべき徳尾野有成『新世界興隆史』は、新世界が花街と化すにいたる過程を赤裸々に物語る。岸本水府が「大阪の総てを

図21　新世界の通天閣

近代都市に移しかへた」（「京阪神盛り場風景」）というほどに大きなインパクトをもった第五回内国勧業博覧会の会場跡を、同社は当時大阪随一の盛り場であった千日前を空間的範にして「第二の千日前」とするべく、「天王寺公園柵外市有地ヲ賃借シ劇場寄席及料理店、旅館等ヲ建設シ之レヲ賃貸スルモノトス、但シ必要ノ場合ニハ土地及建物ノ売買ヲナスコトヲ得」という方針を掲げて、事業をおこした。

劇場・寄席のみならず、料理店・旅館の建設までをも計画していたことは、そもそもの初めから花街の設立を視野に入れていたのかもしれない。

「大正芸妓」の登場

明治四十五（一九一二）年七月三日に開業

した新世界は、劇場や寄席を中心とする興行街としての特色を有していた（図21）。しかしながら、第二期の計画として組まれた通天閣よりも北側に位置する街区の建設にあたっては、おもに売店・飲食店向けの建物が供給され、そのなかには「待合風の料理店」までもがふくまれた。この待合風料理店という建築様式は、新世界に芸妓を置こうとする会社側の秘密裡の計画にもとづくものであったのだが、当局の顔色がさえないことから尻込みしていたところ、大正四（一九一五）年七月、地区内に雇仲居《やとな》倶楽部の設置が認められる。

　雇仲居倶楽部とは、芸妓よりも格下とされる雇仲居（酌婦）を派遣する事務所であるが、この新世界に出現した倶楽部所属の雇仲居は、「芸妓其儘の営業を始め」た。すると、「各料理店等が争ふて招聘するので忽ちに妓数も増加し、新奇を欣ぶ遊客が真昼間から押寄せると云ふ珍風景を展開した」。これを岸本水府は大阪流の「大正芸妓」と位置づける。

　こうなると、街全体が「紅街化」するのは必然で、所轄署の調査によれば、この年の末時点で酌婦五十七名、置屋二軒、そして料理屋は六十一軒にのぼったという。あまりにスムースな「紅街化」の背景には、大阪土地の周到な準備があった。

　……大土地〔大阪土地建物〕では一時町芸妓の再現運動困難と見て私娼街を設けんとし、庄川氏の如きは内命を受けて東京千束町の〔魔街をも〕視察にさへ行つた事がある。見返小路の恵美須通裏は其の目的で建てられたもので未だ建方に其の俤を偲ぶ事が出来る。（徳尾野有成『新世界興隆史』）

「私娼街を設け」るべく、千束の「魔街」をも視察していたのである。

翌大正五年の十月になると、酌婦三百四十七人、置屋十八軒、そして料理屋は約二百軒にふくれあがり、擬似的な検番制度も取り入れられるようになる。大正芸妓の興隆は、「席貸風家屋の需要」を高め、すでに建設されていた洋風の家屋までもが続々と格子窓の和風建築に改装されていく。その結果、「全街殆ど花柳風景」を呈したのだった。

《南陽新地》の誕生

会社側にしてみれば、こうした既成事実の積み重ねが功を奏したというべきか。大正十一（一九二二）年四月の府令によって「芸妓酌人取締規則」が改められ、新世界の一部が「芸妓居住指定地域」となった。これを受けて大阪土地建物は、置屋と料理屋から構成される「南陽組合」を組織し、同地はその内実においても花街《南陽新地》に生まれ変わったのである。

「町勢」新世界のシンボルたる高塔通天閣の前には小公園あり、噴水を繞りて泉池芝園を設け、俗塵中によく雅興をよぶ。之より北部に放射線状を為す街区は其の最大の商

図22　新世界桜筋に建ち並ぶ料亭

店街を恵美須通と云ひて関門を扼し、其の東、春日灯籠の居並ぶは春日通（玉水通）と云ひ次を合邦通、又た次なるを東の町と呼び、何れも花街の中軸をなす、之を東西に横断するものは北より数へて稲荷町、北の町、通天通である。いろは小路、若葉小路、花見小路、見返小路等狭斜の巷此間に散在し、西の町（魚菜市場）は恵美須通西裏に続き通天閣以南の興行街は東西仲の町に岐かたれ、其の西には桜の町、柳の町、南部に南の町ありて飲食店櫛比し、最南端なるは弁天町と云ひ純然たる青楼街をなし、大衆歓楽の珍境石見町より飛田へ通じているのである。

外廓天王寺公園に沿ふは公園通であつて、旅館、ホテル多く北面して逢坂に臨める商店街は逢坂通と云ひ、西側に長く延べるは霞通と云ふ住宅街である。（徳尾野有成『新世界興隆史』）

「町勢」として『新世界興隆史』に記されるように、新世界は商店街・興行街・花街という三つの要素から構成される特異な街区となった。このうち、「公園通東之町、若葉小路、合邦通、花見小路、玉水通、見返小路、いろは小路、弁天町、霞通（阪堺裏）〔、〕稲荷町東部、北の町、桜の町、柳の町、南之町、通天通に渉る大地域」が、「昼夜絃歌の音を絶たない「柳暗花明の巷」で、全盛期には置屋二十七軒、料理屋二百数十軒が建ち並んでいた（図22）。

4　《今里新地》の開発

《松島》移転をめぐる疑獄事件

《新世界》・《住吉》の芸妓居住地指定のあと、花街をめぐる動きは沈静化したかにみえたが、ひそかに《松島》の移転計画が進行していた。花街の利権をめぐる業者・地主・政治家の癒着は東京の事例にもみたが、この計画をめぐってはその度合いが頂点に達して、ことは露見する。世にいう「松島遊廓移転疑獄事件」である。この事件については篠崎昌美「大阪松島遊廓・移転疑獄事件」ならびに都築七郎「歪んだ秤」において詳細に報告されているので、ここでは両者に依拠して要点のみを整理しておく。

明治初年に開設された《松島》は、三方を川に囲まれた市街地の周縁に位置する陸の孤島であった。しかしながら、明治期以降の市街地化にともない、大正期には都市空間に取り込まれている。《飛田》の開設にあたっては、広大な用地をその他の遊廓の移転先としてあてがうというのが大阪府（警察）の立場であったため、この頃から《松島》の移転をめぐる問題もくすぶっていたらしい。《松島》の業者側も、手狭な廓内はいかんともしがたく、よりひろい土地をもとめて水面下で運動を開始していた。

《松島》側は、移転地を確保するべく時流にのって大東土地株式会社を設立した。社長に当時の市議会副議長が、専務に業者の代表が就任する。遊廓の移転先が決まれば、当該地所とその周辺の地価が高騰するのは必定であり、土地利権をめぐって不動産業者と政治家がまたぞろうごきはじめる。地元の侠客を巻き込みながら、大東をふくむ三つの土地会社が運動を開始し、大正十三（一九二四）年六月に成立した加藤高明内閣を支える関連政党所属の代議士への働きかけも活発化した。

問題は、その過程で運動資金が各政党関係者に流れたことにある。のちに明らかになるところによれば、憲政会の長老である箕浦勝人には「第一次若槻礼次郎内閣時に若槻首相から松島の移転を了解する旨の言明を得るためにその資金として五万円」が、また高見之通代議士には「移転に際して政友本党が妨害しないという了解を政友本党総裁の床次竹二郎から得るために三万円」が、さらに当時の大阪府知事中川望と同窓の政友会幹部岩崎勲には「移転に際して政友会は反対しないという党議をまとめる運動資金として四十万円」が受け渡された。

こうした事実が露呈したことで、先ほどの土地会社の代表三名をふくむ関係者が起訴された。予審のなかで箕浦が内閣総理大臣若槻礼次郎を偽証罪で告訴したことから、内閣までをも巻き込んだ一大スキャンダルに発展する。結局、この裁判（控訴審もふくむ）で箕浦らは無罪となり、また若槻の偽証罪も認められることはなかったものの、この事件は遊廓や芸妓居住指定地の許可をめぐる国政と地方政府の関係性を如実に物語る。

事件のほとぼりがいまださめやらぬなか、とある「置土産」をして中央へと転じた府知事がいる。昭和二（一九二七）年末、またしても突如として市街地近郊の二ヵ所に芸妓居住地が指定された。これは、「松島遊廓移転疑獄事件」の結末として位置づけられるべき出来事にほかならない。

芸妓居住指定地の許可

…〔略〕…またまた芸妓居住区域の指定がしかも二ヶ所市内に許可された。その黒幕に政友会代議士連が活躍していると伝えられている。許可された指定地は市内港区東西田中町一丁目の約一万余坪で、…〔略〕…もう一ヶ所は市内東成区片江町（ただし大阪軌道以北を除く）同町隣接中川町（ただし猪飼野町より中川町を経て原見町に通ずる道路以南を除く）で面積約六万余坪、…〔略〕…許可になったのは二十七日付けである。明春からは直に前記の地域内に料亭が櫛比し検番が新設され、近いうちに不夜城が現出することとなろう。しかも市内のみでなく、明年郡部から出馬せんと計画している政友会系の策士連は郊外の地点にそれぞれこうしたものを設けんと血眼になっている、府当局の許可理由にいわく、「東京では今春、現在の芸妓地域を拡張したのみか五ヶ所に新設することを許可した。大阪は現在では少ないから少しは増加してもよい」というのである。（『大阪朝日新聞』昭和二年十二月二十九日）

「松島遊廓移転疑獄事件」の余燼がいまだくすぶる昭和二（一九二七）年末、同時に二ヵ所の芸妓居住地が指定された。このとき認可された指定地は、どちらも以前から複数回にわたり出願されていたものの、「営利を目的とする土地会社関係の一部少数者の利益のために、付近の風教、風致を害し、市民の良俗をきずつけ、都市の品格をおとすに忍びずとして、歴代知事の断じて許さなかったところであった」（『大阪朝日新聞』昭和三年一月七日）。

このとき許可を下したのは、当時の内務大臣・鈴木喜三郎と姻戚関係にあった大阪府知事の田辺治通である。翌昭和三年、田辺は鈴木の辞職に殉じて自らも府知事を辞任し大阪を去ったことから、芸妓居住地の指定は大阪への「置土産の一つ」となったのだった（黒阪雅之『今里新地十年史』）。

「指定地を疾風迅雷的に許可した大阪府当局の措置」が、翌日の株式市場に大きな影響をおよぼしたというように（『大阪朝日新聞』昭和二年十二月二十九日）、この地区指定は土地会社に便宜をはかるものであったことは疑いえない。実際、東田中町・西田中町各一〜二丁目は、安治川土地株式会社の経営する地所であり、当時の経済誌は次のように評価している。

　殊に西田中町付近は芸妓指定地になつたから、前途発展の可能性は十分にある。指定地付近は坪百五十円から二百円見当らしく、地価はまだ上らうが当社では平均百七、八十円位で売地に応じてゐる。これは他の所有土地を騰貴せしめる為には、なるべく早く指定地の発展を計る事が得策だからだ。（東洋経済新報社編『関西　百七十会社の解剖』）

さきに引用した記事で「政友会系の策士連は郊外の地点にそれぞれこうしたものを設けん」としていることが報じられているように、この市内二ヵ所の芸妓居住地指定をきっかけとして、たとえば「府下有数の遊覧地」で周辺に多くの料理屋が集積していた浜寺と淡輪《たんのわ》では、芸妓をおけないために「不便を感じていた」関係者が府会議員とともに政友会系の代議士と協力して運動をおこしたほか、大阪電気軌道沿線の瓢簞山では、料亭・旅館の営業者約二十名が芸妓居住地指定を出願するなどの動きがひろまったのである。

疑獄事件の余波

港区の田中町と同時に指定を受けた片江・中川は、大阪電気軌道株式会社の沿線に土地を所有する大東土地株式会社の地所であったが、指定の直後に大阪電気軌道株式会社に売却される。同社は昭和三（一九二八）年八月に今里土地株式会社を設立し、区画整理をしたうえで花街の建設に着手した。大東土地から大阪電気軌道が取得した約八万坪の土地には、府会議員、市会議員、そして衆議院議員を歴任し、大阪電気軌道をはじめ多くの会社の取締役などとして活躍した三谷軌秀が出資し、そのまま筆頭株主として社長に就任した。

大阪電気軌道が買収した地所の元所有者である大東土地という名に聞き覚えがあるだろうか。そう、この会社は《松島》の移転を画策して大正七（一九一八）年に設立され、大阪電気軌道沿線に約十九万坪の土地を所有していた土地建物会社にほかならない。疑獄事件に発展したため《松島》の移転が実現しなかったことから、同社の取得した地所は宙に浮いたままとなっていた。そこに着任した府知事の田辺が中央政界とのパイプを活かし、芸妓居住地を指定する。土地会社の性格、そして「黒幕」として政友会系議員が動いていたことを考えれば、《松島》の移転計画とその頓挫から、新たな芸妓居住地の指定へといたる出来事は、一連の政治過程とみなすべきであろう。

安治川土地によって建設された花街は《港新地》として、今里土地によって建設された花街は《今里新地》として、いずれも戦後にいたるまで繁栄することになる。《今里新地》の開設十周年を記念して編纂された『今里新地十年史』（昭和十五年）のとびらには、生みの親たる田辺治通の写真がなんの註釈もなく掲げられている。

この無言の一枚は、大阪における新地開発史の一面を雄弁に物語る。

5　新地の開発史

都市政策の理想

……遊廓整理なるものは、浪花三郷以来繰返された都市政策の一つで、現に松島遊廓の如きもその開創当時（明治元年）は、市内より遠く離れた桑田（西成郡寺島村）であったが、いつのころか市内と握手して西大阪繁華の中枢をなせるが如き、また飛田遊廓が二十五年前免許せられたる当時は、あの辺一帯は北は昔の飛田の仕置場に近く、南は阿倍野の墓地に接し、鬼哭啾々、野狐月に嘯ぶき、人ツ子一人通らぬ陰惨なところであったが、一夜に変る歓楽不夜の桃源郷は、その触手を北は新世界へ南は天下茶屋へと伸ば

> して、瞬く裡に新市街を醸成し、南大阪発展の温床となりたる如き、花街は常に土地発展のお乳母役を勤むること歴史の徴するところで、都市政策としての理想とされてゐる。（黒阪雅之『今里新地十年史』）

大阪の花街の近代史をひもとけば、明治初年の再編にともなう《松島》の設置をのぞいて、明治末期まで大きな変化はなかった。その間に旧来の花街においては、芸娼の分離がゆるやかに進んでいく。そこに「北」・「南」の大火がおこり、《北新地》と「難波新地」における廃娼が断行された。

大正期になると世論をおしきるかたちで、《松島》開廓以来、五十年以上にわたる空白期間をへて、新遊廓《飛田》が誕生した。大正期以降、全国的に移転はみられるものの、これほどまで大規模な遊廓の新設となると例はない。《松島》の移転が頓挫したあとは、土地建物会社の地所で芸妓居住地指定にもとづく開発がすすめられていく。大阪土地建物の《南陽新地》、今里土地の《今里新地》、そして安治川土地の《港新地》などである。

《南陽新地》と同時に許可された《住吉新地》は、当初住吉公園南側の浜口町一帯を指定地とし、大正十四（一九二五）年には芸妓扱席十五軒、貸席六十八軒が立地していたというが（白井伊之助編著『住吉界隈いま・むかし』）、その後、大阪府は公園付近一帯の地域に芸妓の出入りできる料理屋の建設を許可するなどの布石を打ち（『大阪毎日新聞』市内版昭和三年七月十二日）、昭和十一（一九三六）年に日泉土地株式会社の所有する「菖蒲園」への移転が命じられた。結局、《住吉新地》もまた新地特有の立地を示すところとなった。

このように近郊の開発がすすんだ結果、旧来の花街、《松島》・《飛田》という近代遊廓、さらには新地型の花街という三類型が、昭和戦前期の都市空間で共在した。戦後、《南陽新地》をのぞく新地と二つの遊廓がことごとく赤線に移行したのに対して、旧来の花街はその規模を著しく縮小させながら都市景観の後景へと退いていく。《松島》が焼失にともない移転、《港新地》にいたっては二度にわたって移転しながらも存続したのとはあまりに対照的であった。さらに驚くべきは、昭和二十七（一九五二）年にまったく新しい新地が誕生している。

もはやこれらを花街と呼ぶことはできないが、土地を（再）開発し新地と呼ばれる空間を創出する手法は、戦後にいたるまで引き継がれたのである。

悪所の系譜

最後に、『新世界興隆史』に掲載された「南陽綺話」なるコラムを紹介して本章をとじたい。「南陽綺話」によると、新世界には「花柳街となる地史的理由があ」り、「沿革上奇縁がないでもない」。というのも、幕末の大阪には三十数ヵ所にわたる「岡場所」とでもいうべき「私娼街」に「町芸妓」が抱えられていた。「私娼街」とは、すでにみたあの泊茶屋街

（遊所）、すなわち明治初年に《松島》への移転が命じられ、廃止の憂き目にあった小規模な遊廓にほかならない。

それら泊茶屋街は、のちに内国博覧会の会場となる地区の近傍にも複数立地していた。たとえば、「ボンヤ」（連れ込み宿の祖型とでもいうべきもの）や「煮売屋」が両側に軒を並べていたという愛染坂の勝鬘院付近、月江寺付近、さらには天王寺の別院「秋の坊」（伶人町）や安居などである。

なかでも勝鬘院付近の旧泊茶屋街は、「新清水坂の辺なる字シヨマン〔勝鬘〕と云ふ遊所は先年廃止の沙汰となりしが…〔略〕…再び以前の如き遊所を開かんと本日府庁へ出願するよし」（『大阪朝日新聞』明治十三年十月十日）、あるいは「天王寺村字シヨマン〔勝鬘〕へ町芸者の券番を設けたしと同所の者より出願に及びたり」（『大阪朝日新聞』明治十四年六月二十八日）と、廃止後も遊所としての復活をたびたび出願していた。

こうした「地史的理由」を背景として、「云はゞ新世界は町藝者の復活者として大阪花柳史に特筆せられてよい」、というのが「南陽綺話」に名を借りた大阪土地建物の主張である。《松島》に隔離された町芸妓の解放者きどりの語りであるが、新世界の場所性が特異であるにせよ、大阪土地建物が《飛田》ともども泊茶屋街とは比較にならない規模の新地開発に先鞭をつけたことは、大阪の近代花街史における転機をなしたといってよい。

第五章　謎の赤線を追って――鹿児島近郊の近代史

1　消えた遊廓とひとつの謎

俳優の殿山泰司が「昭和46年から47年にかけ、ニッポンのアチラコチラに残されている旧遊郭がどうなっているか」を探訪した見聞録『三文役者のニッポンひとり旅』のなかに、次のような一節がある。

それからもスタコラと歩いて歩いて、真ん中にフェニックスのグリーンベルトのある広い道路の向う側にやっと沖の村はあった。そしてオレは暗い沖の村を歩いた。…〔略〕…暗い町には小さな旅館が点々とあり、厚化粧をしたオンナがいる赤い電灯の小さな飲み屋が二軒ばかりあったけど、それはなにも沖の村の特色ではなさそうである。普通の町である。沖の村は消えてしまったのだ。

旧時の面影をほとんど残さず「普通の町」に転じた《沖の村》。ここは南国の旧城下町鹿児島にあって、かつて「洲崎遊廓」ないし「常盤遊廓」とも呼ばれた一街区にほかならない。《沖の村》が消えた要因は、昭和三十三（一九五八）年四月から罰則規定をふくめて全面的に施行された売春防止法にある。鹿児島県では同法の実施に先がけて、業者に転廃業を指示した結果、同年三月十日には、「消えた花街の〝赤い灯〟」と報じられたごとく（『南日本新聞』昭和三十三年三月十一日）、およそ六十年にわたる《沖の村》の歴史に幕がおろされたのだった。

殿山より十五年以上も前に鹿児島を訪れた渡辺寛は、「芸者は山之口町界隈に七十名ほどいるが、遊びは何といっても沖の村遊廓。赤煉瓦作りの古い建物が二十三軒。舗装していない泥んこ道にならんでいる」と記した（『全国女性街・ガイド』）。「赤煉瓦作りの古い建物」二十数棟が十五年の歳月をへるなかで、まったくなくなってしまったとはにわかに信じがたいものの、「沖の村は消えてしまったのだ」。

先に引用した渡辺の記述は、「ほかに『いしきはらら』の唄の文句に出てくる伊敷にも赤線があり、ここも気分がいい」とつづく。つまり、当時の鹿児島には、市街中心部の山之口界隈に花街が、市街地南端に赤線の《沖の村》が、さらに近郊の「伊敷にも赤線」が存在したことになる。一般的に赤線地区は旧遊廓と考えてよい。すると、伊敷にもふるくから遊廓があり、戦後も赤線として存続したのだろうか。

《沖の村》の場合は、殿山の訪問にも示されるとおり有名であり、地元でもひろく知られた存在であった。だが、伊敷の赤線となると、諸種の資料にあたってはみたものの、渡辺の記述以外にその存在を指摘したものはなく、わたしにとってはひとつの謎であった。

さいわいなことに、わたしには鹿児島市出身の知人が数名おり、伊敷の遊廓に関心がある旨を伝えていたところ、そのなかの一人Nさんから思わぬ情報をEメールでいただいた。その内容の一部を紹介してみよう。

祖母〔Aさん〕は昭和九〔一九三四〕年から伊敷に程近い原良《はらら》町に住んでおり、この近辺のことは詳しいだろうとふんでいたのですが、遊廓の存在は記憶にないとのことでした。しかし、後日、祖母が友人の九十歳の女性に伊敷の遊廓を尋ねたところ、原良町と隣接する現在の永吉町に遊廓があったということがわかりました。場所は、現在の鹿児島アリーナ付近〔鹿児島刑務所があった場所〕です。…〔略〕…当時この近辺は永吉塩屋と呼ばれており、その頃の塩屋という地名は、遊廓のある場所を指していたそうです。…〔略〕…しかし、場所的には伊敷ではないよなぁと思ったのですが、かつては、永吉やその川向こうの草牟田《そうむた》も「下伊敷」という名でひとくくりに呼ばれていたそうです。だとすると、伊敷の遊廓は、永吉塩屋でほぼ間違いないのでは、と思われます。

（二〇〇二年八月二十三日付けの私信より、許可を得て引用）

この明晰な地理的説明は、遊廓の存在を確証するにたる説得力をもっているように思われた。実際、歴史ガイドである『かごしま歴史散歩』を開いてみると、「鹿児島おはら節」にある「雨の降らぬのに草牟田川にごる 伊敷・原良の化粧の水」という一節を引きながら、著者はここに「明治の中頃まで遊女宿があった」という説を展開している。これは、Nさんのメールにある九十歳の女性の説と合致する。遊女たちの「化粧の水」によって、「草牟田川」（甲突川）が「にごる」というわけだ。渡辺のいう「『いしきはらら』の唄」とは、おはら節（小原節）を指す。

ところが、この地域には遊廓など存在しなかった、という説もある。たとえば、鹿児島の遊廓史の総論とでもいうべき『かごしま・くるわ物語』の著者・芳即正は、伊敷や原良の女性たちが農作業で汚れた手足を洗ってにごった水を、おはら節はおもしろおかしく洒落て歌っているのだと説く。また、『古地図に見る かごしまの町』の著者である豊増哲雄氏は、伊敷・原良、そして永吉は鹿児島の近郊農村であり、これらの地区から市街地への出稼ぎや蔬菜の供給がある一方、市街地で排出される下肥がこの地域へ運ばれて利用されていたことから、田畑へ投入された肥やしが流れ出て川の水がにごったさまを詠ったとする解釈をご教示くださった。どちらも、遊廓の存在を否定する説だといってよい。

また、遊廓の存在を肯定する『かごしま歴史散歩』にしても、「監獄署」の建設地に選定されたことから（のちの「刑務所」、明治四十一年にこの地に移転）、貸座敷は《沖の村》の開設にあわせて明治三十二（一八九九）年に塩屋町へ移転したとする。いずれにせよ、明治末期に遊廓は存在しなかったことになる。

では、「伊敷にも赤線」があるという昭和三十年の記述はいったいなにを意味するのだろうか。Nさんの貴重な情報は謎をいっそう深めるとともに、わたしを鹿児島へといざなった。

2　都市近郊の近代

開発のはじまり

本章の舞台となるのは、鹿児島の旧城下町の近郊、かつて「伊敷・原良」と併称ないし総称された一帯であり、そこには遊廓の存在したとされる永吉も位置していた（図23）。現在は、旧市街地と連坦する市街地となり、未曽有の豪雨災害となった一九九三年の八・六水害以降の甲突川両岸の復興事業によって景観が大きく変わったであろうことは想像に難くなく、周辺を散策しても歴史を垣間見せてくれるような痕跡はほとんどみあたらない。

しかしながら、戦前に発行されたガイドブックには、貴重な手がかりがいくつか残されている。それらを通じて、この地域の近代史を観察してみるとき、そこはじつに興味ぶかい空

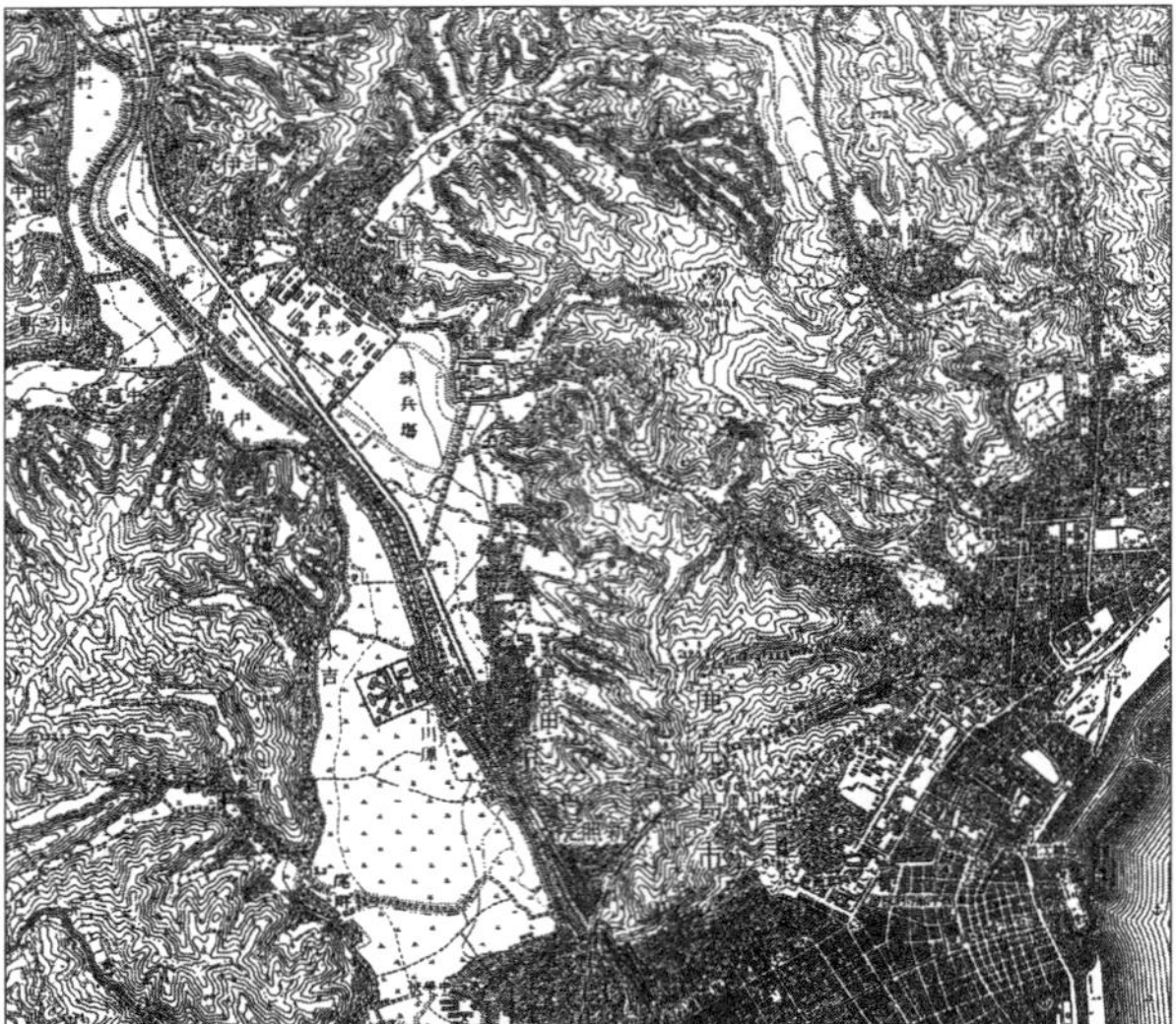

図23　鹿児島の近郊（1918年）

間として浮かび上がってくる。

そもそも「藩政時代から明治三十年ごろまでは……ほとんど田んぼであった」と指摘されるように（豊増哲雄『古地図に見る　かごしまの町』）、伊敷から永吉・原良にかけての甲突川両岸の地域は、明治三十（一八九七）年に伊敷に兵営が設置されていたとはいえ、基本的には旧市街地に近接する農村地帯であった。この田園地帯にも、近代化の波は押し寄せてくる。

その端緒は、市内にあった監獄署の移設地に永吉が決定したことであった。これを皮切りに、明治四十年代以降、永吉・原良地区を中心に官民双方の新しい施設がつぎつぎと移設・新設されていく（紀野健一郎「市制以後」）。それは、旧市街地周辺に配置されていた屠場、避病院、刑務所、墓地などの諸施設が、都市の近代化にともない、いまだ水田の広がる郊外に再配置されてゆく過程であった（**表6**）。諸施設の新設・移転につづいて、耕地整理事業ならびに市電路線の延長などのインフラ整備もすすめられたことで、この地区は近代都市鹿児島の〈近郊〉として再包摂されたのである。大正九（一九二〇）年十月一日、伊敷への市電の開通と時を同じくして、永吉と原良は鹿児島市に編入される。

遊蕩のトポス

大正九年十一月二十八日、「名にし負ふ原良田圃」に建設された薩摩製糸工場の敷地で、

表6　諸施設の新設・移設の動向

明治30年	歩兵第45連隊を設置
明治32年	監獄署の敷地を選定、県費で買収
明治41年	屠場を設置（私営施設を拡充して移設） 尾畔病院敷地を買収して避病院を移設 監獄署を移設
明治42年	肥薩線開通を祝して櫨木馬場に桜を移植
明治43年	陸軍墓地を設置
大正元年	草牟田墓地の起工（南林寺墓地が移転）
大正 2 年	原良・永吉地区の耕地整理
大正 7 年	火力発電所を設置
大正 8 年	薩摩製糸工場を設立
大正 9 年	永吉・原良が鹿児島市に編入 市内電車が伊敷まで延長
昭和 4 年	工業試験場を移設 鹿児島中学校開校（現・鹿児島高等学校）
昭和 5 年	鹿児島脳病院を新設

鹿児島市への編入を祝う祝賀会が催された。祝賀会の開催に際し『鹿児島新聞』は、「昔の盛時に復《かえ》らん　原良の繁華町」と見出しを打って、「由緒深き原良永吉」の歴史を物語る。驚くべきことに、その記事では「永吉の遊廓」とは異なる説が展開されていた。

……明治維新の名士小松帯刀翁の下屋敷原良山麓の形勝の地を占め今猶瀟洒たる当時の

家屋が昔の名残を語つて存する事は皆人の知る処であるが小松家の下屋敷の右側の一角の地には、明治維新前大久保甲東翁の些やかな下屋敷の家が建つて西郷吉之助、伊地知正治翁の如き勤皇志士は人目を避くる為め此の甲東翁の別宅に会合し国事を密議した即ち甲東翁別邸は鹿谷的の密会に充てられたと云ふことである、之を百余年前に遡れば原良一帯の地は旗亭軒を連ね傾城町と云ふべき脂粉の地で鹿児島城下の遊坊娯楽場所となり繁華を極めたのである現に明治初年頃までは原良の尾畔《おぐろ》に霊験あらたなる米良菊池家のお稲荷様ありて其附近には料理屋軒を並べ人の往来櫛の歯を引くが如く糸竹の絶ゆるまなきほどの繁盛を呈したそうであるが、今や原良永吉地方は市街計画に基く耕地整理を遂行して鹿児島市に編入され大規模の薩摩製糸工場の如き其地に建設され漸次人家戸を連ね大いに将来発展の気象を呈しつゝあり（『鹿児島新聞』大正九年十一月二十八日）

小松帯刀や大久保甲東（利通）らが活躍した幕末・維新期をさかのぼること百年、田んぼばかりと評される原良には、旗亭が軒を連ねる「傾城町《けいせいまち》」があったという。薩摩藩の名所図会『三国名勝図会』にも描かれた景勝地として知られる尾畔に、明治初年まで料理屋があったのは、そのなごりであるというのだ。

この説を検証する材料は、残念ながら手元にない。しかしながら、草牟田川を濁らせた源は、あるいはこの「脂粉の地」であったのではないか、とわたしたちの想像力をかきたてる興味ぶかい語りである。原良は、たんなる田園地帯ではなく、このような遊蕩の物語を生成するトポスであったことだけはたしかなようだ。

それから数年後、かかる物語を知ってか知らずか、市域に編入された原良町に対して時の為政者たちは、その史書に新たな一ページをくわえようとしていた。おそらく鹿児島の都市史年表に明記されることのないその出来事を、当時助役（のちに市長）であった勝目清は「秘話」として次のように回顧している。

塩屋町の遊郭を、原良町の谷間に移転しようとしたことがある。……〔大正十四年〕六月十一日には遊郭移転候補地の一つとして、原良町の各所を視察した。当時は新上橋を渡ると、わずかの人家があるだけで、原良の山下まで田んぼばかりだったから、全く市内から隔絶した隠れ家のようなところであった。そのうえ外部からは全く見えない点が、最適の条件として第一候補地にあがったのである。（『鹿児島市秘話　勝目清回顧録』）

市街地から「隔絶」した「田んぼばかり」の原良へ、塩屋町の遊廓、すなわち《沖の村》を移転する計画があったというのである。勝目によると、墓地などをふくめた移転の費用を捻出するために起債が可能であるか内務省に打診したところ、遊廓についての見通しはまったくたたず、この計画は「サタやみ」となった。勝目は「もしあのとき起債の見通しがあったら、いまの原良町一帯は全然変ったところになっていたと思われる」と述懐する。

たとえ実現しなかったにせよ、「伊敷原良のオハラハア」と唄われた原良に遊廓を移転する計画があったという事実は興味ぶかい。だが依然として、そこに存在したという赤線の姿はみえてこない。

3　近郊の名所とメディア・イベント

永吉の名勝

ここまで、「ほかに『いしきはらら』の唄の文句に出てくる伊敷にも赤線があり……」と記された謎の「赤線」を追って、その起源をかつて永吉に存在したという遊廓にもとめるべく、周辺地域の近代史をたどってきた。遊蕩にまつわるさまざまな語りは存在しているものの、両者の間には深い歴史の断層が横たわっているかのように、そのつながりをみいだすことができない。戦後の商工案内書のたぐいを参照しても、「貸席」や「特殊料理屋」に類する営業は、《沖の村》以外には認められなかった。

売春防止法の施行に関連する一連の新聞報道をみても、「伊敷」についてとりあげられた形跡はなく、結果として「赤線」はなかったと結論するほかはない。二〇〇二年九月にNさんのとりはからいで、原良に生まれ育ったAさんのお宅にSさんとKさんにもおあつまりいただき、お話をうかがう機会を得た。遊廓の存在は誰も記憶になく、戦後の赤線についてもまったく聞いたことがないという。

だが、これによって原良の遊蕩空間の系譜をたどる糸が切れてしまったかといえば、そうでもない。じつのところ原良には、刑務所の所在地という場所イメージとは異なる、もうひとつの貌があった。それは近郊名所としての永吉である。

わたしが鹿児島を訪問した際に持参した昭和五（一九三〇）年発行の「鹿児島市街地図」の裏面には、「鹿児島遊覧案内」と題する名所案内が印刷されている。このコンパクトに折り畳まれた地図／遊覧案内の九ページ目に、「西郷南洲の誕生地」や「大久保利通誕生の地」とならんで、ある「名勝」が紹介されていた。

> 甲突川の上流に遡り市の西郊なる伊敷村永吉に至れば、櫨木馬温泉あり、泉質は硫黄泉にして附近に数軒の旗亭を設け、其眺矚又た佳なれば四時入浴者少からず、此の北方に刑務所あり、其前面の一橋を東に越えて一路北方に辿れば県社鹿児島神社、一路を挟んで西方に歩兵第四十五連隊練兵場あり、尚も北すれば島津家の別邸、玉里邸に達す……

市の西郊の永吉、かつて遊廓があったとも語られるその場所に立地した名勝「櫨木馬温泉」。正式には「櫨木馬場（はぜのきばば）温泉」と表記される冷泉で、地元では「ハイノバァ」などと発音されることから、「鹿児島遊覧案内」の記述では「場」が抜け落ちたものと思われる。「馬場」とは広い通りを指し、かつて甲突川の堤防に沿って櫨の木が植えられていたことから、この名がついたとされている。「櫨木馬場」に位置する冷泉（とその入浴施設）を指して、「櫨木馬場温泉」と呼ばれていた。

「一軒の浴棟に数軒の料亭」があるという「郊外著名の冷泉場」は（竪山春村『鹿児島案内記』）、当時のガイドブックの多くで紹介され、いずれも効用のほかに、田園（「伊敷田圃」、「原良田圃」）を眺望する風光明媚な場所であること、付近には二、三の料亭のあることなどが（中村京嵐『新鹿児島遊覧案内』）、なかば定型的に記されている。

その位置に関しては、「伊敷村永吉」、「市内永吉」、「城西原良町」などと異同があるものの、大正九年の市電開通以降は、交通の便のよい「市内」の温泉場として親しまれた。竪山正義編『鹿児島県温泉誌』（大正四年）によると、市電の開通以前も「車馬」があって交通の便もよく、浴客は年間で一万五千人ほどあったという。また、冷泉のわいたこの場所は市街地と第四十五連隊の練兵場とのほぼ中間に位置することから、ときには軍の関係者も姿をみせたようだ。

「永吉の料亭」

地元の市立原良小学校の創立十五周年を記念して編まれた『郷土はらら』に、「櫨之木馬場《はいのつぼ》」という項目がある。そこには「冷泉」に対する言及はないものの、「永吉料亭」という見出しで刑務所南側の一角に「三光亭」・「新福亭」・「偕楽園」という三つの料亭のあったことが記されていた。四元幸夫『甲突河畔の歴史』にも、同じく「永吉料亭」という項目がある。奇妙にも両書ともに「永吉料亭」という料亭にはまったくふれられていないのだが、『郷土はらら』の付録「原良小学校区略地図」にはその位置が記されていた。また、同書には「新福亭」および「偕楽園」の跡地に残された石門の写真も掲載されている。入浴施設の周辺にあったという「数軒の旗亭」とは、これらを指したのだろう。とくに「偕楽園」は、なかなかに大きな料亭であったようだ。

偕楽園には大きな橋がかかった池がありました。夏になると、スイレンやホテイアオイの花が咲き、大きなこいが、つき山の木かげをすいすいと群をなして泳いでいました。こいの料理を食べようと、町の人々は、わざわざ出かけて来ました。町内の花見、結婚式、ウグイスの競鳴会や忘年会はもちろん、町の人たちのいろいろな会合の会場に使われて、いつもしゃみせんの音はたえませんでした。(『郷土はらら』)

同書によると、「満州事変後、天文館のネオンが消え、繁華街がさびしくなると同時に、人々の出入りも少なく」なったとされているが、Aさんらにうかがったところ、それ以降も「偕楽園」では宴会が行なわれており、実際に鯉料理を食する機会もあったという。逆に温泉施設——「櫨木湯」と呼んでいた——と「偕楽園」以外の料亭の記憶はないとのことであった。

しかしながら、『鹿児島県電話番号簿』（昭和十四年）には、「永吉」の料理屋として「新福亭」が記載されている。また、『鹿児島市商工人名録』（昭和五年）に記載された「原良町」の料理屋の経営者は電話番号簿における「新福亭」の登録者と同一人物であったので、少なくとも「新福亭」は確実に存在した。前掲の竪山編『鹿児島県温泉誌』によると、「数軒」の「料亭」をのぞいて付近に旅館などの宿泊施設はない。

絃歌さんざめく温泉

「櫨木馬場温泉　伊敷村永吉にある。甲突川の沿岸にあり鹿児島監獄署の下手に方《あた》り、前には伊敷田圃を望み附近には数軒の料亭もある」（下園三州児編『新鹿児島』）という立地の特徴を考えると、「永吉の遊廓」とは、あるいはここを指していたとも思われたが、遊廓という感じはまったくしなかったらしい。

とはいえ、さきほどの「偕楽園」に関する引用文中の末尾に「三味線の音が絶えない」とあるのは気にかかる。「緑酒」や「紅灯」とならんで「絃歌の音絶えず」という言い回しは、花街を象徴する定型句であるからだ。つまり、最後の一文は、永吉の「料亭」が芸妓を抱えていた、あるいは芸妓の出入りがあったという事実を言外に示していることになる。

　大正四（一九一五）年に出版されたガイドブック『新鹿児島』（下園三州児）には「花柳界」の項目があり、鹿児島花街の来歴と現況とが説明されている。そこでは二つの券番（西券・南券）に属する市街地の料亭にくわえて、「山下町二の丸の内に鶴鳴館本店、磯田の浦に風景楼の二大料理屋を始め、田の浦に田の浦亭、酔月亭、城山公園に浩然亭、柳月亭、櫨木馬場に玉水軒等がある」と紹介された。つまり、櫨木馬場の料亭「玉水軒」にも芸妓の出入りがあったわけだ。『全国花街めぐり』の著者・松川二郎は、同書に先立つ『珍味を求めて舌が旅する』のなかで「櫨木馬場の玉水軒は……豚骨で最《ママ》とも有名な家である」と紹介していた。

　近郊の名所であり、市街地の花柳界とも関係する櫨木馬場温泉は、いつごろ形成されたのであろうか。市電が敷設されるまえから名所であったことはまちがいないものの、ガイドブックでは、「櫨木馬場――市の西兵営の対岸監獄署に近く。甲突川堤に沿ふて多く櫨を植へこの名あり。二三酒亭あり。晩涼杖を曳くに適す」（東幸治『鹿児島』）という明治四十二（一九〇九）年の記述がもっともふるい。しかしながら、大正四年に編まれた『鹿児島県温泉誌』によると、「伊敷村永吉」の「櫨木馬場」にある「無名泉」は明治二十五（一八九二）年に「発見」されており、明治三十五（一九〇二）年に測量された地形図には、同所に温泉の記号が付され、その周囲に建物二棟を読み取ることができるので（図24）、発見から少なくとも十年以内には「浴棟」を中心に二、三の料亭からなる小規模な温泉地が形成され、その後、近郊の名所として知られるところとなったとみてよい。

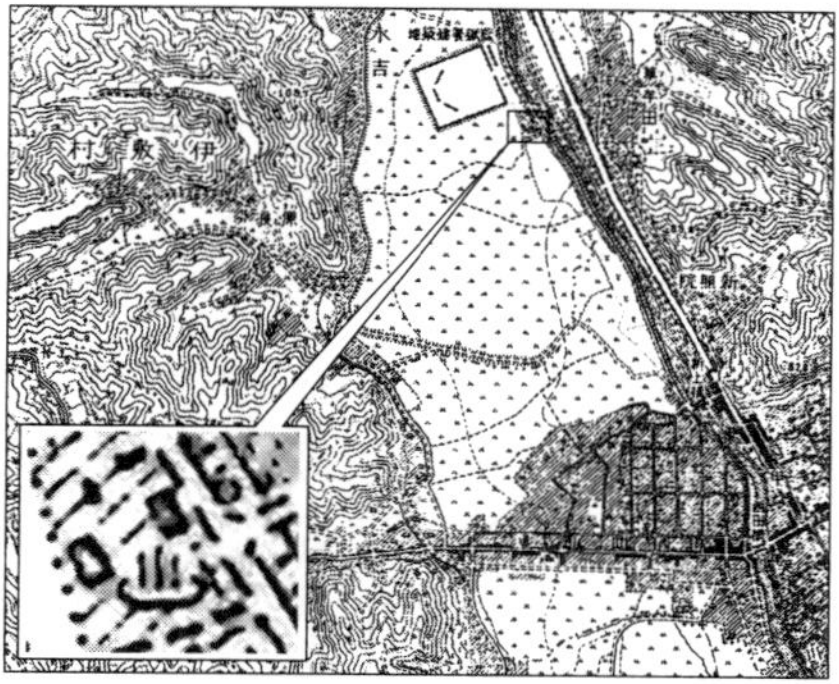

図24　地形図にみる櫨木馬場の周辺

「櫨木馬場」から「桜馬場」へ

明治三十年を前後する時期に形成された「櫨木馬場温泉」は、近郊の田園地帯に位置する温泉地として、周囲の料亭とともになかば定型的に「櫨木馬場」ないし「櫨木馬場温泉」の項目で紹介されるのがつねであった。

ところが、大正四（一九一五）年発行の『鹿児島自慢』では、まったく別の側面、すなわち「観桜会」の会場として櫨木馬場が紹介されている。

鹿児島には、毎春鹿児島朝日新聞社の主催で開かれる花見がある、観桜会といふのはそれである、市民唯一のフラワーデーで、人出の多さなど、貞室の名句そのまゝ「これは〳〵」の外に言葉も出ないくらゐであるが、所は冷泉場で名高き櫨《はじのき》馬場である。

櫨馬場は、甲突川上流の桃源郷で、近年まで櫨の古林が鬱々とつづいてゐた所である、久しく城西に於て紅葉の一勝区として目されたものであつたが、その後枝挫けて根が絶えて、名前だけが秋風と共に淋しう取残されてゐた、今の桜が栽ゑられたのは、たしか明治四十二年頃で、目的、「肥薩鉄道開通記念」といふのであつたが、この鮮やかな発案者兼実行者は、件の鹿児島朝日新聞社であつた。（東禾鳥『鹿児島自慢』）

同じく、大正十一年に発行された『鹿児島案内記』の「櫨馬場」にも、「春は鹿児島朝日新聞社の主催で桜踊りがあつて西南券の美妓が腕並を見せる市民享楽の場と化する。故に一名桜馬場と云つて桜の名勝たらんとしてゐる」、とある。鹿児島朝日新聞社が主催するという「観桜会」と「桜踊り」とはおそらく同じイベントであろう。その催事には「西南券」の芸妓も出演し、櫨木馬場は「桜馬場」と呼ばれるまでになっていた。

『鹿児島自慢』で指摘されるように、明治四十二（一九〇九）年十二月、鹿児島朝日新聞社の前身である鹿児島実業新聞社は、「肥薩鉄道の開通を将来に紀念し、併せて麑城《げいじょう》の繁栄に資せん希望を以つて、我社が市内有志の賛同を得、甲突河畔、枦木馬場両岸に……数百株の桜樹」を植える事業を行なっていた。櫨木馬場を植樹地に選定した理由は、次のように説明される。

抑も甲突河畔枦木馬場の地たるや、田園の間に位し、展望快濶、絵の如き遠巒《えんらん》近峰を前後左右に控へ、背景殊に佳絶にして、真に麑城《げいじょう》有数の勝地なり、而して此堤上両岸に植ゆるに数百株の紀念桜樹を以てす、宛として小墨堤の状あり、況んや地は古来向嶋の名さへ付せられありて、正さしく夢香洲《むかふじま》に暗合するに於てをや、今や紀念桜樹の栽植に依り、一段の景趣を添へたるは、一層麑城の勝地たる価値を加へたるもの謂はざるべからず（『鹿児島実業新聞』明治四十三年三月二十七日）

伊敷・原良の「田園の間」に位置する鹿児島有数の「勝地」。名勝の由来となった櫨が絶えてひさしいこの場所を〈向島＝夢香洲〉にみたて、桜の植樹地に選んだという。鹿児島実業新聞社は、翌年の三月にはやくも第一回観桜会を開催し、明治四十四年の第二回観桜会に際しては、肥薩鉄道開通記念の植樹に関する経緯を記した碑を、甲突川右岸の櫨木馬場に建立したのだった（図25）。

観桜会が盛大に開催されたためであろうか。記念碑には、櫨木馬場がすでに「桜馬場」と称されるようになったことが記されている。以後、十数回にわたる鹿児島朝日新聞（第三回までは鹿児島実業新聞）主催の「観桜会」は、名実ともに変貌した「桜馬場」（鶴尾橋－玉

明治四十二年十一月廿日肥薩鉄道開通式ノ当市ニ挙
行セラルルヤ我社此盛典ヲ紀念セン為メ地ヲ甲突河
畔櫨馬場ノ両岸ニトシ櫻樹ヲ移植スルノ計画ヲ立ツ
時ニ同感ノ有志四百六十九名奮テ此計画ヲ賛助シ同
年十二月初旬其工ヲ了フルヲ得タリ移植ノ櫻樹四百
九十五本両岸ノ沿長各八丁三十間実ニ宛然タル墨堤
ナリ爾来櫻樹ノ成育良好ニシテ花時ノ風景最モ佳ナ
リ世人櫨馬場ノ称ヲ改メ櫻馬場ト称スルモノ偶然ニ
非ズ将来幸ニシテ江湖諸彦ノ愛護ニ依リ益繁茂スル
ノ暁ニハ此地ノ薩南ノ一名勝タルバ期シテ待ツベキ
ナリ今ヤ紀念碑建設ニ際シ茲ニ其顛末ヲ録シ後代ニ
傳フト云爾
明治四十四年三月二十二日　鹿児島実業新聞社

図25　櫨木馬場の記念碑と銘文

江橋間の右岸）を会場として行なわれた（表7）。

観桜会の余興

大正年間を通じて、「観桜会」は「朝日デー」と呼ばれて市民に親しまれる春の恒例行事となり、観桜会では趣向を凝らした余興が人気を博す。会場のあちらこちらに隠された景品を探す「宝捜し」、川の下流から上流へと競走する「水中競争」、川に放されたアヒルを追い回して捕まえる「水中家鴨追ひ」、そして芸妓総出の「手踊り」など、河川・河畔を舞台にした一部参加型のプログラムがうけたらしい。なかでも話題を呼んだのが、第一回に行なわれ、第六回（大正五年）に復活した「変装競争」なる余興である。

「観桜会」当日の『鹿児島朝日新聞』朝刊に、芸妓数名と市内から公募した男性数名の顔写真（素顔）が掲載される。これら数名の男女が「変装」

をして会場内に潜り込み、花火を合図にほかの参加者たちが彼ら彼女らを探し出し、その素顔をあばくはやさを競う種目である。「写真にもある通り三人の中二人は髭があつて髪も左から分けて居るが当日は頭も髭も剃つて坊主になつて居るか知れず、又一人の山口君は御覧の通り無髭の好男子なれど当日は付け髭して赴くかも判らぬから、捜す方は余程十分なる注意を要すべし」といった具合だ。

表7　観桜会の開催

明治42年	11月20日 12月初旬	肥薩鉄道開通 櫨木馬場に桜を植樹
明治43年	3月27日	第1回 観桜会（於 櫨木馬場）
明治44年	3月22日	第2回 観桜会（於 桜馬場）
明治45年	3月22日	第3回 観桜会（於 桜馬場）
大正2年	3月22日	第4回 観桜会（於 玉水軒）※
大正3年	3月17日	第5回 観桜会（於 桜馬場）
大正5年	4月3日	第6回 観桜会（於 桜馬場）
大正6年	4月3日	第7回 観桜会（於 鹿児島座）※
大正7年	4月3日	第8回 観桜会（於 桜馬場）
大正8年	4月3日	第9回 観桜会（於 桜馬場）
大正9年	3月21日	第10回 観桜会（於 桜馬場）
大正10年	4月3日	第11回 観桜会（於 桜馬場）
大正11年	3月26日	第12回 観桜会（於 桜馬場）
大正12年	3月23日	第13回 観桜会（於 桜馬場）
大正13年	3月□日	第14回 観桜会（於 桜馬場）
大正14年	4月3日	第15回 観桜会（於 桜馬場）
大正15年	4月3日	第16回 観桜会（於 桜馬場）
昭和3年	4月3日	第17回 観桜会（於 桜馬場）
昭和4年	4月3日	第18回 観桜会（於 桜馬場）
昭和5年	3月21日	第19回 観桜会（於 鴨池公園）

※は雨天により屋内での開催。

変装者は、「警察官」をのぞけばどのように変装してもよいこと、時間内は会場にいること、参加者に審判席への同行をもとめられた場合はそれにしたがうことが定められ、他方、発見する側の一般参加者たちは、変装者の写真が掲載された『鹿児島朝日新聞』を携え（つまり購読者に限定される）、変装者を発見した際には「あなたはこの写真の人物である」と新聞紙を突き付け、彼・彼女を審判席に同行する、というきわめて単純なルールである。第一発見者には賞金があたえられるので、参加者は血眼になって変装者を探す。むろん、会場では、「誤って御来会中の紳氏淑女諸君を変装者と認め、審判席に同行を求」めるといったハプニングも生じた。それもまた「一興」として片付けられるところに、この「変装競争」が「観桜会」の目玉イベントとなる理由があったのかもしれない。

このような初期のプログラムに、ヨット競争、水中樽引競争、水中競馬、相撲、パン食競走などがくわわり、余興は年々奇抜かつ派手になっていく。とはいえ、「この日に於る両検芸妓の異彩は太《ママ》したもので、群集の視線は悉く彼等の上に引附けられてゐる」（東禾鳥『鹿児島自慢』）というように、第一回から継続した芸妓の舞台もまた「呼び物」のひとつとなった。

鹿児島の小墨堤、その後

鹿児島朝日新聞社は第九回の観桜会に際して、「本社観桜会の由来　肥薩鉄道開通の記念事業」と題する記事を掲載した。

わが社は此の意義ある肥薩鉄道の開通を永遠に記念し併せて麑城の繁栄に資せんと欲し去ぬる明治四十二年十二月甲涯枦ノ木馬場両岸十数町の間に数百株の桜樹を移植し明けて明治四十三年三月二十七日同処に於て第一回観桜会を開催したのであつた。（『鹿児島朝日新聞』大正八年四月三日）

「甲涯枦ノ木馬場両岸に数千百株の桜を移植し」た狙いは、「同地をして将来麑城の墨堤たらしめ以て市民共同のパラダイスとする」ことにあり、まさしく同社はこの「パラダイス」の創出に向けて毎年「観桜会」を企画した。結果、「観桜会は即ち麑城社交界に於ける一年中の書入日に数えられ然も枦ノ木馬場は何時の間にか桜馬場に改称せられ、今や同地は名実共に小墨堤として麑城の一勝区と化するに至ったのである」。この点で、記念植樹とそれにつづく観桜会とは、名所の創出と自社の宣伝とを企図した一連のメディア・イベントであったといってよい。

九回の観桜会を経て「小墨堤」の名にたがわぬ春の行楽地となった櫨木馬場あらため桜馬場。すでにみたように、翌大正九（一九二〇）年の鹿児島市編入と市電の開通とによって、この地は名実ともに都市空間に包摂される。冷泉周辺の料亭は、このような櫨木馬場の変容

にあわせて、春ともなれば、

「追々鯉ノ料理ノ時期トナリマシタ　桜馬場　萃香園」

「鯉の料理と御宴会は永吉町桜馬場　偕楽園」

と広告を出すようになっていた。永吉（櫨木馬場温泉）の料亭である「萃香園」、その後継と思しき「偕楽園」は、その所在地を「桜馬場」としている。

現在、「観桜会」や「桜馬場」という名称を耳にすることはない。これほどまでに喧伝された名所とイベントが語り継がれていないのは不思議な気もするのだが、その背景には「桜馬場」と「観桜会」の大きな転機があった。

昭和五（一九三〇）年三月、「観桜会」の開催を目前に控えた鹿児島朝日新聞社は次のように予告した。

場所……鴨池遊園地内　本社が肥薩鉄道の開通記念に植え付けました甲北桜馬場の桜は樹齢既に二十一年に達し、観桜会はまた会を重ぬること十八回に及び花は愈々爛漫と咲き乱れるやうになりましたので、市民一般の自由遊覧地として初期の目的を達し得ましたから、本年から市民のため鴨池の地に第二花の名所を拵へたい願望から此地で開催す

る事に変更致しました（『鹿児島朝日新聞』昭和五年三月九日）

第二、第三の花見の名所をつくるべく、大正末期から同社は行政とも連携して城山や鴨池公園などに桜を植えていた。満を持して、昭和五年三月二十一日、市街地南郊の鴨池公園で十九回目となる観桜会を催したのである。主催者側にしてみれば、甲突河畔という「桜馬場」の手狭さを解消する目的にくわえ、「初期の目的を達し」たという自負もあったのだろう。

若し夫れ、十年の後、三十年の後、五十年の後に於ける、市勢の発展を想像せよ。武田圃が新市街となり、原良田圃が商店軒を並べて、繁栄の巷と化するは、決して架空の想像ならず。早晩甲突川は、浚渫《しゅんせつ》工事の決行に依りて、仮令ば江東を流るる隅田川の如く、鹿児島に於ける水運の便を開くの時あらん事は、吾人の信じて疑はざる所にして、而して桜馬場が、尚ほ隅田川に於ける向島の如く、南国一の桜の名所として、名実共に之を完成せん事は、吾が社が江湖に対する義務たるを信ず。（『鹿児島朝日新聞』大正七年四月三日）

これは、鹿児島朝日新聞社が八回目となる「観桜会」に際して掲げた論説である。三十年、五十年、そして百年以上の歳月を経た現在、この地が「南国一の桜の名所」となることはなかった。「観桜会」の行なわれなくなった「小墨堤」たる「桜馬場」は、いつしかその名さえ忘却されてしまったのだ。

鶴尾橋南側の河畔に残る鹿児島実業新聞社の記念碑だけが、この場所の記憶をひっそりと伝えている。

まぼろしの赤線

伊敷にあったという謎の「赤線」を追いもとめて、さまざまな語りに耳をかたむけながら鹿児島近郊に位置する伊敷・永吉・原良の近代を旅してきた。途上、道は思わぬ方向へとそれ、意外性にとむ場所の系譜をたどることになってしまったことは如上のとおり。「永吉塩屋」に遊廓はあったのか。渡辺寛が伊敷にみた「赤線」はまぼろしだったのか。諸施設の移設、市電の敷設、市域への編入といった行政側からの働きかけ、鹿児島朝日新聞社による一連のメディア・イベント、そして近郊の名所「櫨木馬場温泉」。

近代鹿児島の近郊「櫨木馬場」に享楽の空間が成立したことだけはたしかである。

おわりに

花街といえばとかく文化・伝統・景観などにむすびつけて語られがちであるけれども、それが風俗を紊乱する営業として取り締まりの対象となることから、都市建設と土地利用にまつわるさまざまな思惑を反映させつつ、都市形成の諸局面において〈まち〉の発展を促す動因として利用された産業＝場所であることを述べてきた。

馬場孤蝶が樋口一葉の『にごりえ』によせて「新開の町」に発生する「銘酒屋」を「パイオニアー」と位置づけ、また永井荷風が「新開の町村に芸者屋町を許可するは土地繁昌を促すがためといへり」（「桑中喜語」）と指摘したように、明治期以降、一般に土地の「発展策」と認められたのが花街である。第四章で参照した文章をもう一度引くならば、「花街は常に土地発展のお乳母役を勤むること歴史の徴するところで、都市政策としての理想とされてゐ」たのだ（『今里新地十年史』）。風紀を問われた花街が取り締まりによって廃止された例は皆無にひとしく、いずれも移転を命じられ指定された土地に隔離されながらも繁盛したことは、その証左となる。各章の事例を通じて明らかになったのは、都市空間の共通項と位置づけた花街のほとんどが、明治期以降の都市形成と再編の過程で創出されたという事実である。繰りかえすならば、花街は近代の所産であり、つねに近代都市の建設をめぐる政治の焦点となっていた。

明治前期は、いわば都市の空間的文法がいまだ確立されていない時期であり、花街もまたおもいもよらぬ場所に立地することもあった。明治後期以降、芸妓・娼妓の分離が制度的かつ空間的におしすすめられるなか、花街の建設は土地開発の手法として駆使されていく。その典型が東京の二業地・三業地、あるいは大阪の新地であり、営業の認可、地区の指定をめぐっては、業者、政治家、警察の結び付きがあらわになることさえあった。

ここから、花街史における戦前・戦後の連続性と断絶にまつわる論点を追求することもできるだろう。戦後、花街が新たに開発された事例は寡聞にして聞かないものの、昭和三十(一九五五)年を前後する時期にいたるまで、(「赤線」や「青線」、あるいは「特飲街」などといった区別をせずにいえば)数多くの「遊廓」がいたるところで新規に指定されている。遊興とは無縁のこの空間について考えるとき、近代花街の指定ならびに地区(再)開発のありかたがそのまま受け継がれているように思えてならない。

冒頭「はじめに」で述べたように、本書は『花街——異空間の都市史』(朝日選書、二〇〇五年)を、ほぼ全面的に書き改めたものである。花街それ自体の研究から遠のいてひさしく、論点の修正や新資料の導入にはいたっていないものの、原本(朝日選書)の出版後には、「赤線」や「青線」と称される特定地区の成立をめぐる都市空間の政治学について、本書と同じく複数の都府県にわたる事例をふまえた『敗戦と赤線——国策売春の時代』（光文社新書、二〇〇九年）をものした。その延長線上で、現在は米軍統治下の沖縄における〈歓楽街〉の開設問題に関心をよせている。わたしの問題関心の原点が、いまだ粗削りな本書にあることはたしかなようだ。

二〇二四年八月　沖縄における〈歓楽街〉調査の帰途にて

加藤政洋

文献一覧

浅地倫編『富山案内記』滝本文亀堂、一九〇〇年。

池田彩雲「盛衰興亡と特有情緒――仏都善光寺の花柳界」(『郷土風景』第二巻第四号、一九三三年)。

稲川勝二郎『歓楽の名古屋』趣味春秋社、一九三七年。

岩井和三郎他編『入新井町誌』入新井町誌編纂部、一九二七年。

因伯史話会編『因伯人情と風俗』横山敬次郎書店、一九二六年。

宇野浩二『大阪』小山書店、一九三六年。

江崎浮山編『大名古屋便覧』大名古屋便覧発行所、一九三六年。

大川墨城『紀伊名所案内』紀伊名所案内発行所、一九〇九年。

太田毎文「扇港花街雑録」(『郷土風景』第二巻第四号、一九三三年)。

大淵善吉編『鹿児島市街地図』駸々堂旅行案内部、一九三〇年。

大森区編『大森区史』東京市大森区、一九三九年。

尾崎士郎『京浜国道』朝日新聞社、一九五七年。

小澤重三郎『富山繁昌記』小澤活版所、一八八三年。

鹿児島市立原良小学校『郷土はらら』鹿児島市立原良小学校、一九八〇年(増補改訂版、初版は一九六八年)。

勝目清『鹿児島市秘話　勝目清回顧録』南日本新聞社、一九六三年。

加藤藤吉「白山花街の沿革」(福西『東都芸妓名鑑』所収)。

加藤藤吉『花街年表』・『大正世相年表』

加藤藤吉『日本花街志 第一巻』四季社、一九五六年。

加藤政洋「《祇園町》の空間変容」（高木博志編『近代京都と文化――「伝統」の再構築』思文閣出版、二〇二三年）。

加藤無絃編『新訂 豊岡案内』豊岡案内発行所、一九二二年。

川嶋右次編『神戸西部耕地整理組合誌』神戸西部耕地整理組合、一九二五年。

芳即正『かごしま・くるわ物語――裏街道おんなの歴史』丸山学芸図書、一九八九年。

菊地政雄編『蒲田区概観』蒲田区概観刊行会、一九三三年。

貴志二彦編『産業と観光の和歌山』和歌山商工会議所観光案内部、一九三七年。

岸本水府「京阪神盛り場風景」（酒井眞人・岸本水府『三都盛り場風景』誠文堂、一九三二年）。

紀野健一郎「市制以後」（『鹿児島のおいたち』鹿児島市、一九五五年）。

木脇栄『かごしま市史こばなし』南日本新聞開発センター、一九七六年。

黒阪雅之『今里新地十年史』今里新地組合、一九四〇年。

香岳散史編『高田案内』西沢高田支店、一九一〇年。

篠崎昌美「大阪松島遊廓・移転疑獄事件」（『文藝春秋』第三三巻第二〇号、一九五五年）。

島洋之助編『百万・名古屋』名古屋文化協会、一九三二年。

島田豊三編『白山繁昌記』白山三業株式会社、一九三二年。

下園三州児編『新鹿児島』吉田書店、一九一五年。

下堂園純治編『かごしま歴史散歩』南洲出版、一九七七年。

白井伊之助編著『住吉界隈いま・むかし』「住吉界隈いま・むかし」刊行委員会、一九八〇年。

白石實三『大東京遊覧地誌』實業之日本社、一九三二年。

妹尾河童『少年H 上巻』講談社文庫、一九九九年。

全国花街連盟編『全国花街連盟名簿』全国花街連盟、一九五六年。

染谷孝哉『大田文学地図』蒼海出版、一九七一年。

高田市編『高田市統計書』高田市、一九三一年。

高橋誠一郎「大森海岸」(『大磯箚記』理想社、一九四四年)。

竹内水彩『富山風景論』竹内正輔(発行)、一九一三年。

龍野市史編纂専門委員会編『龍野市史 第六巻』龍野市、一九八三年。

龍野商工会編『龍野案内』龍野商工会、一九三六年。

竪山春村『鹿児島案内記』現代社、一九二二年。

竪山正義編『鹿児島県温泉誌』吉田書房、一九一五年。

種村季弘『江戸東京《奇想》徘徊記』朝日新聞社、二〇〇三年。

田山花袋『東京の三十年』博文館、一九一七年。

田山停雲『鳥取県乃歓楽境』新鳥取社、一九三六年。

著者不詳『富山案内』(出版社、出版年も不詳)。

塚田仁三郎編『北陸の産業と温泉』北日本社、一九三二年。

都築七郎「歪んだ秤――松島遊廓移転疑獄事件」(『日本及日本人』一五九八号、一九九〇年)。

土井吉十郎『紀伊繁昌誌 全』大橋報道館、一八九三年。

東京市政調査会編『日本都市年鑑2』東京市政調査会、一九三三年。

東洋経済新報社編『関西 百七十会社の解剖』東洋経済新報社、一九二九年。

東洋経済新報社編『会社かゞみ 昭和六年版』東洋経済新報社、一九三一年。

徳尾野有成『新世界興隆史』新世界興隆史刊行会、一九三四年。

徳田秋声『縮図』岩波文庫、一九五一年。

鳥取県編『鳥取県史 近代 第四巻』鳥取県、一九六九年。

鳥取市役所編『鳥取市七十年』鳥取市役所、一九六二年。

殿山泰司『三文役者のニッポンひとり旅』ちくま文庫、二〇〇〇年。

飛田遊廓設置反対同盟会『飛田遊廓反対意見』一九一六年。

富山市役所編『富山市史』富山市役所、一九〇九年。

豊島康世編『花柳界便覧 萬華 大阪版』萬華通信社出版部、一九三八年。

豊増哲雄『古地図に見る かごしまの町』春苑堂出版（かごしま文庫三〇）、一九九六年。

永井荷風「桑中喜語」（『荷風随筆集（下）』岩波文庫、一九八六年）。

永井良和『風俗営業取締り』講談社選書メチエ、二〇〇二年。

長尾盛之助『名古屋案内』名古屋案内発行所、一九二五年。

中村京嵐『新鹿児島遊覧案内』文昌堂書店、一九二七年。

名古屋観光協会編『名古屋観光案内』名古屋観光協会、一九三三年。

浪江洋二編『白山三業沿革史』雄山閣出版、一九六一年。

新潟県高田市教育会編『高田市史』新潟県高田市教育会、一九一四年。

西村天来『豊岡復興史』但馬新報社、一九三六年。

丹羽且次編『米子の栞』米子町役場、一九一九年。

野田華公編『和歌山和歌の浦 遊覧案内』津田書店、一九一七年。

花園歌子『芸妓通』四六書院、一九三〇年。

馬場孤蝶「『にごり江』になる迄」(『全集 樋口一葉 別巻 一葉伝説』小学館、一九九六年)。

馬場孤蝶「『にごりえ』の作者」(『全集 樋口一葉 別巻 一葉伝説』小学館、一九九六年)。

東禾鳥『鹿児島自慢』日本警察新聞社、一九一五年。

東幸治『鹿児島』金光堂、一九〇九年。

樋口一葉「にごりえ」(『たけくらべ・にごりえ』角川文庫、一九六八年)。

姫路商工会議所編『姫路』姫路商工会議所、一九三〇年。

福西隆『東都芸妓名鑑』南桜社、一九三〇年。

藤森照信『明治の東京計画』岩波同時代ライブラリー、一九九〇年。

堀井正一編「観光の和歌山案内図」(『わかやま』和歌山市役所、一九三九年)。

本城常雄編『大正の鳥取市案内』鳥取市役所、一九二一年。

蒔田耕『牛込華街読本』牛込三業会、一九三七年。

松川二郎『珍味を求めて舌が旅する』日本評論社、一九二四年。

松川二郎『全国花街めぐり』誠文堂、一九二九年。

松川二郎「大東京五十六花街」(『食道楽』第六年第一一号、一九三二年)。

三尾功『近世都市和歌山の研究』思文閣出版、一九九四年。

三宅孤軒『芸妓読本』全国同盟料理新聞社、一九三五年。
村松清陰編『長野案内』犀北館、一九〇七年。
吉田清平編『富山市商工案内』富山商業会議所、一九一三年。
四元幸夫『甲突河畔の歴史』(自費出版)、一九七六年。
渡辺寛『全国女性街・ガイド』季節風書店、一九五五年。

図15　筆者撮影
図16　筆者撮影
図17　筆者所蔵
図18　筆者所蔵
図19　筆者所蔵
図20　筆者所蔵
図21　筆者所蔵
図22　筆者所蔵
図23　「二万五千分一地形図鹿児島北部」大日本帝国陸地測量部、1918年（京都大学総合博物館所蔵）
図24　「二万分一地形図鹿児島」大日本帝国陸地測量部、1902年（京都大学総合博物館所蔵）
図25　筆者撮影

表1　東京市政調査会『日本都市年鑑２』（東京市政調査会、1932年）より作成
表2　西村天来『豊岡復興史』（但馬新報社、1936年）より作成
表3　龍野商工会編『龍野案内』（龍野商工会、1936年）より作成
表4　各種資料より作成
表5　岸本水府「京阪神盛り場風景」（酒井真人・岸本水府『三都盛り場風景』誠文堂、1932年）より作成
表6　各種資料より作成
表7　鹿児島実業新聞・鹿児島朝日新聞より作成

図表出典一覧

図1　「祇園の巻（大正十五年四月末現在）」（『技藝倶楽部』第4巻第5号、1926年、51-60頁）・「祇園新地乙部の巻（昭和三年一月末現在）」（『技藝倶楽部』第6巻第2号、1928年、26-52頁）にもとづき作成

図2　村松清陰編『長野案内』（犀北館、1907年）の付図「長野市全図」

図3　高田市編『高田市統計書』（高田市、1931年）の付図「高田市街図」

図4　筆者所蔵

図5　筆者所蔵

図6　堀井正一編『わかやま』（和歌山市役所、1939年）の付図「観光の和歌山案内図」

図7　「二万分一地形図富山」大日本帝国陸地測量部、1911年（地図資料編纂会編『正式二万分一地形図集成　中部日本3』柏書房、2003年）

図8　「二万分一地形図鹿児島」大日本帝国陸地測量部、1902年（京都大学総合博物館所蔵）

図9　水内俊雄・加藤政洋・大城直樹『モダン都市の系譜——地図から読み解く社会と空間』ナカニシヤ出版、2008年

図10　筆者所蔵

図11　筆者所蔵

図12　筆者所蔵

図13　筆者所蔵

図14　地形社編『昭和十六年大東京三十五區内 ⑰大森區詳細図』人文社、1996年

場合が多い。

＊ ここでは、本書と関連する近代以降の花街関連用語を列挙しました。したがって、江戸時代の花街用語とは意味を異にする場合もあります。

ろおしゃべりやダンスの相手をつとめ、エロティックなサーヴィスを行なうことさえあった。

遊女　遊廓や宿場で男性に性的サーヴィスをする売春婦。宿場で働く遊女はとくに「飯盛女《めしもりおんな》」と呼ばれた。明治期以降は一般的に娼妓となる。

妓楼　娼妓（遊女）を抱えて客に遊興させる店。貸座敷に同じ。

町芸妓　遊廓の内部の芸妓に対して、市街地の繁華街などで営業する芸妓。

廓芸妓　遊廓の内部で営業する芸妓。廓外の料理屋に出入りすることも稀にある。

二業地　芸妓置屋と料理屋（あるいは待合茶屋）の営業が許可された地区。

三業地　芸妓置屋・料理屋・待合茶屋の営業が許可された地区。

カフエー　一九二〇年代以降に歓楽街で流行した飲食店（酒場）。洋装した女給を配し、ジャズの演奏やダンス、あるいは戦後の風俗産業にもつらなるサーヴィスを提供し、花街を圧迫する産業に成長した。

二枚鑑札　一人で二つの資格や仕事を持つことを指すが、花街では芸妓が娼妓をも兼ねる場合をとくに称していう。

私娼窟　おおやけに認められていない売春宿の集合した地区。東京の玉の井が代表的。

岡場所　非公認の遊女屋があつまる地域（江戸時代）。

特殊飲食店　戦後、公娼制度が廃止された後も風俗営業の取り締まり策として売春を認められた飲食店（を建前とする宿泊施設）。特飲店と略されることが多く、特飲店があつまっている地区を特飲街と呼んだ。特飲街は赤線に指定されているするサーヴィス業が集積していた。

芸妓　歌・舞踊・三味線などの芸をもって宴席に興を添えることを業とする女性。芸者。

お茶屋　京都の貸座敷を指す。貸席に同じ。

貸席　客室を設け、客が芸妓や娼妓を呼んで遊興する店。京阪神地方に多く、お茶屋と呼ばれる。

席貸　京阪神地方に固有の店で、貸席と同じ意味で用いられる場合もある。京都では、「いちげんさんお断り」の宿を指す。

貸座敷　娼妓が寄寓し座敷を借りることを建前にして営業する店。貸座敷の営業を許可された地区が遊廓。貸席に同じ。

赤線　売春を目的とする特殊飲食店があつまっていた赤線地区の略称。戦後、遊廓をふくむ多くの花街が赤線に移行していた。売春防止法の施行によって廃止される。

遊廓　貸座敷（遊女屋）の営業が許可された地区。

青線　赤線の周辺やその他の地区で、営業の許可を受けずに売春を行なっていた飲食店街。府県によっては、赤線と青線の線引きが曖昧であった。売春防止法の施行によって赤線と同じく廃止。

風俗警察　風俗営業や売春の取り締まりと予防を目的とする警察。

花柳界　芸妓を中心とする社会。また花街を指すこともあり、「花柳街」などとも呼ばれた。

酌婦　料理屋・飲食店で酒の酌などをして客をもてなす女性。京阪神地方では雇仲居《やとな》と称して、芸妓のように三味線などの芸を披露する場合もあり、なかには私娼の役割をはたすこともあった。

女給　字義的には女性の給仕であるが、とくにカフエーに従業する女性を指していた。単に給仕をするというよりは、むし

花街関連用語集

公娼制度　娼婦の営業をおおやけに許可する制度。
売春防止法　昭和三十一（一九五六）年に制定、昭和三十三年四月一日より罰則規定をふくめて完全に施行された売春を防止する法令。同法の施行によって赤線は廃止された。→「赤線」を参照。
娼妓　おおやけに営業を認められた娼婦。公娼。
娼妓取締規則　明治三十三（一九〇〇）年に内務省令第四十四号で定められた娼妓・貸座敷の営業を取り締まる規則。各府県では同規則にもとづき、独自の規則を制定した。
待合（茶屋）　客室を設け、客が芸妓を招いて遊興する店。料理屋に比べれば密室性が高い。
料理屋　客室を設け、客の注文に応じて料理を出すことを本業とする店。客は芸妓を招いて遊興することもできるが、地域によっては禁じているところもある。
検番（券番・見番）　置屋（組合）と待合茶屋（組合）や料理屋（組合）とのあいだに介在して、前者から後者への芸妓の派遣、花（玉）代――時間制の遊興料金――の清算などを取り仕切る事務所。置屋組合側が組織することが多い。
集娼　娼婦の営業する地区を指定して一ヵ所（たとえば遊廓）に集めること。
置屋（芸妓置屋、芸妓屋）　芸妓を抱えて、求めに応じて料理屋、待合、貸席、旅館などに芸妓を差し向ける店。
芸妓扱店　検番とほぼ同じ役割を担う。大阪の花街に多くみられ、なかには貸席を兼ねる店もある。
花街　芸妓が営業をする街区で、置屋・待合・貸席などの関連

KODANSHA

本書の原本『花街——異空間の都市史』は、二〇〇五年に朝日選書より刊行されました。文庫化にあたり、全体に改訂を施しています。

加藤政洋（かとう　まさひろ）

1972年，長野県生まれ。立命館大学文学部教授。専門は人文地理学。著書に『京都食堂探究』（共著），『おいしい京都学』（共著），『酒場の京都学』，『大阪』などがある。

講談社学術文庫

定価はカバーに表示してあります。

花街《はなまち》
遊興空間《ゆうきょうくうかん》の近代《きんだい》
加藤政洋《かとうまさひろ》

2024年10月８日　第１刷発行

発行者　篠木和久
発行所　株式会社講談社
東京都文京区音羽 2-12-21 〒112-8001
電話　編集（03）5395-3512
販売（03）5395-5817
業務（03）5395-3615

装　幀　蟹江征治
印　刷　株式会社ＫＰＳプロダクツ
製　本　株式会社国宝社
本文データ制作　講談社デジタル製作

ISBN978-4-06-537358-3

「講談社学術文庫」の刊行に当たって

これは、学術をポケットに入れることをモットーとして生まれた文庫である。学術は少年の心を養い、成年の心を満たす。その学術がポケットにはいる形で、万人のものになることは、生涯教育をうたう現代の理想である。

こうした考え方は、学術を巨大な城のように見る世間の常識に反するかもしれない。また、一部の人たちからは、学術の権威をおとすものと非難されるかもしれない。しかし、それはいずれも学術の新しい在り方を解しないものといわざるをえない。

学術は、まず魔術への挑戦から始まった。やがて、いわゆる常識をつぎつぎに改めていった。学術の権威は、幾百年、幾千年にわたる、苦しい戦いの成果である。こうしてきずきあげられた城が、一見して近づきがたいものにうつるのは、そのためである。しかし、学術の権威を、その形の上だけで判断してはならない。その生成のあとをかえりみれば、その根は常に人々の生活の中にあった。学術が大きな力たりうるのはそのためであって、生活をはなれた学術は、どこにもない。

開かれた社会といわれる現代にとって、これはまったく自明である。生活と学術との間に、もし距離があるとすれば、何をおいてもこれを埋めねばならない。もしこの距離が形の上の迷信からきているとすれば、その迷信をうち破らねばならぬ。

学術文庫は、内外の迷信を打破し、学術のために新しい天地をひらく意図をもって生まれた。文庫という小さい形と、学術という壮大な城とが、完全に両立するためには、なおいくらかの時を必要とするであろう。しかし、学術をポケットにした社会が、人間の生活にとってより豊かな社会であることは、たしかである。そうした社会の実現のために、文庫の世界に新しいジャンルを加えることができれば幸いである。

一九七六年六月

野間省一